時代への警告

安倍政権とは何だったのか

適菜収
Tekina Osamu

KKベストセラーズ

安倍政権とは何だったのか

時代への警告

CONTENTS

第一章

安倍政権とは何だったのか

第二章
だからあれほど言ったのに

第三章

無知とデマで世界はまわる

第一章

安倍政権とは何だったのか

戦後レジームからの脱却？

安倍政権とは何だったのか？

政治の腐敗が来るところまで来たという話です。

わが国は想像以上に脆かった。

民主党政権の三年間で酷い目に遭ったという意識が国民には強く残っていて、その反動で「民主党よりマシ」「民主党時代に戻すのか」といったテンプレート、思い込みのようなものができた。それが安倍政権を支えていたのだと思います。

しかし、本当に民主党よりマシだったのか？

むしろ、民主党の一番危険な部分、愚劣な部分を引き継いだのが安倍政権ではないでしょうか。憲法の恣意的な解釈、デフレ下の増税、TPP……。また、移民政策、農協や家族制度への攻撃といった愚策中の愚策を急進的に押し通してきた。

やってきたのはシンプルな対米追従・売国路線です。

「戦後レジームからの脱却」などと駄法螺を吹きながら、「戦後レジームの固定化」を進めてきた。河野談話、村山談話を踏襲し、決着済みの日韓賠償問題を蒸し返し、アメリカの要望通りに国の形を変えていく。歴代総理の中でも圧倒的に出来が悪い。国家観も歴史観も憲法観もすべてが変。

結局、民主党政権の三年間に日本人は何も学ばなかったのです。本質を見極めることができなかった。だから、それ以上に腐っている安倍政権に飛びついてしまった。

これはメディアの問題でもあります。安倍政権に対する本質的な批判、有効な批判をしてこなかった。

それで一部の新聞や雑誌が、先鋭化、カルト化していったというのが、今のわが国の状況だと思います。

「安倍政権が通したおかしな法案の多くは、民主党時代に作られたものだ」と擁護する人たちがいますが、普通に考えたら変ですね。もし民主党が作った法案が間違っているなら、それを通さなければいいだけの話。よって、法案を通した政党の責任が回避されるわけではない。

民主党が下野してから一体何年たったのか？

いまだに民主党のせいにして、より悪質な法案を通し、デタラメな国会運営を続ける安倍政権に対しては口をつぐんでいる。

いわゆるネトウヨや、その類の新聞や雑誌は、非常に特殊な思考回路を持っています。普通の人間だったら民主党が仕込んだ悪い法案を通したら「けしからん」と怒ると思いますが、連中は「安倍さんは悪くない。悪いのは民主党だ。安倍さんバンザイ」となってしまう。

こうした特殊な思考経路を持っている人たち、短く言えばバカが表舞台に立つようになってしまった。その原因、構造、思想的背景を解明しないと同じことの繰り返しになります。こんなことを繰り返していると、日本は消滅してしまう。

ここでは安倍政権が何をやってきたのかを振り返り、その本質についてお話ししたいと思います。

周辺の乞食言論人

安倍に唯一功績があるとしたら、周囲に集まってきた乞食言論人や自称「保守メディア」の正体を、完全に明らかにしてしまったことでしょう。安倍を礼賛することによって飯を食ってきた連中ですね。こうした人間についても、きちんと総括しておく必要があります。

先日某誌の元編集長にこう聞かれました。

「安倍政権の周辺に一気にいかがわしい連中が集まりましたが、一人ひとりを見ると小物なんですよ。自己顕示欲は強いけど、実は弱々しい連中が多いのはなぜでしょう?」

結局、おこぼれにあずかろうとする乞食なんですよ。太鼓持ちです。強い人間に庇護されたい人たち。安倍ヨイショ本を書いて、官邸に買い上げてもらったり。

小物だからこそ、自分を大物に見せたがる。旧仮名遣いで虚勢を張ったり。面白かったのは、その旧仮名を現代仮名に直したら、中学生の作文レベルだったという話。

「小物界の大物」というフレーズがあります。狩野英孝みたいな一発屋芸人が、「小物界の大物」とからかわれたりする。

私が考えたのは、「小物界の自称大物」というフレーズ。

小物界においても、大物ですらない。

レイプ疑惑の元TBSの山口敬之もそうですが、安倍ヨイショを続ければなんらかのメリットがあるのでしょう。

徹底したメディア対策を自民党は行ってきた。政権に批判的なメディアに対しては露骨に嫌がらせを行い、ネットで世論誘導を行う専門のチームを整備してきた。

森友学園問題、加計学園問題をはじめとする一連の安倍事件では、官房長官の菅義偉が、「総理のご意向」と記載された文部科学省の記録文書について「全く、怪文書みたいな文書じゃないか」と発言。追加調査で文書の存在が明らかになると、「怪文書という言葉だけが独り歩きして、きわめて残念だ」とごまかした。前次官の前川喜平が具体的な証言や証拠を出すと、読売新聞にデマをリークし、一私人である前川に人格攻撃を繰り返した。

新聞の一面に一私人のプライバシーを垂れ流す。どう考えても異常な国になっている。

これで安倍政権の正体は明らかになり、読売新聞は報道機関として終わったんです。

しかし、これが重大な問題と世間が受けとめているのかもきわめて怪しい。

政権が吹っ飛ぶような異常事態が何回も発生しているのに、そうならない。これは、やはりメディアの責任です。

絵に描いたような売国奴

結局、安倍の周辺に集まってきた乞食言論人は、勇ましいことを言いながら、国のことなど考えていないんです。政治のことも考えていない。自分のことだけ。だからあらゆる詭弁を使って安倍を擁護する。しまいには、「加計問題は左翼の捏造だ」と言い出した。

人間は同じ間違いを何度も繰り返します。

産経新聞も安倍カルトの同人誌みたいになってしまった。最初は商売で安倍礼賛記事を書いていたのでしょうが、読者も記事に影響を受けて先鋭化していく。ミイラ取りがミイラになり、ネトウヨのブログレベルの記事が垂れ流されるようになった。

こうして、メディアとしての最後の一線を放り投げるわけです。事実などどうでもいい。安倍さんはうまくやっているんだ。外交でも成果を上げている。加計学園問題なんて左翼の捏造だ。中国や北朝鮮の脅威が増す中、重箱の隅をつつくような問題で騒いでいる時間はないと。自己欺瞞により、自分たちを守ろうとするわけですね。

経済に疎い人は「安倍の経済政策はいい」と、外交に疎い人は「安倍の外交はいい」と言う。

では安倍政権はこれまで何をやってきたのか？

実質賃金も下がり続けていますし、外交に関してはデタラメもいいところです。

ロシアには三〇〇〇億円を貢がされた挙句、北方領土はロシアの法の下にあるという話になってしまった。むしろ驚いたのはロシア人です。なぜ、安倍政権は日本の主権を放棄したのかと。

日本が北方四島の主権問題を棚上げし、共同経済活動の開始に合意したことに対し、ロシアの報道機関は「日本はなぜ主権の問題について疑義を唱えなかったのか」と報道しています。ロシアの記者団が「ロシアの法に基づいて共同経済活動を行うということに、日本側は抗議をしなかったのか」と質問すると、ペスコフ大統領報道官は「主権問題は一切話し合われなかった。ロシア側の主権に議論の余地はないからだ」と回答している。

この件に関して、「日本の主権を守れ」と論陣を張ったのは共産党と『赤旗』ですよ。

要するに、安倍はプーチンに尻尾を振りたいだけ。

「もはや国境や国籍にこだわる時代は終わりました」という安倍の発言からもわかるように、主権の問題などどうでもいいのです。

移民政策にせよ、ＴＰＰにせよ、安倍がやっていることはグローバリズム政策による国家の解体です。

安倍批判の機能不全

安倍政権を支えてきたのは、反安倍勢力、旧態依然とした左翼といえるかもしれません。現状認識がまったくできていない。左翼は「安倍はナショナリストで排外主義者で戦前回帰を目論む軍国主義者だ」というわけです。「国境や国籍」にこだわらない人間がナショナリストであるはずはないし、国民を騙しながら移民政策を進め、大量の中国人を国内に入れようとしている人間が排外主義者なわけがないでしょう。戦前回帰を目論むどころか、アメリカに尻尾を振り、財界の要望に従い、ナショナルなものの解体を図ってきたのが安倍政権です。

左翼の多くは冷戦時代で思考が停止している。だから、「安倍は保守反動だあー」などと頓珍漢なことを言い出す。あれだけ動き回っているやつが反動なわけないでしょう。

政治思想の初歩の初歩を振り返ればわかるように、安倍は保守の対極にある人物です。

結局、左翼も冷戦時代のテンプレートに乗り、ステレオタイプの批判をして生ぬるい世界で充足しているだけなんですね。

結局同じ穴のムジナ。構造改革だって、遡れば左翼の発想でしょう。

一方、世の中で「保守」と思われてきた連中も完全に思考停止している。歴史的背景、思想的背景を理解していないので、「左翼に対して強硬な姿勢をとる安倍政権は素晴らしい」となってしまう。

結局、安倍政権を支持しているのは、利権がある連中か、単なる反左翼の思考停止した連中（保守系論壇誌に多い）か、新自由主義を保守と勘違いしているバカか、改革幻想に踊らされた花畑なんですね。

大衆は「改革」という言葉に惹かれます。構造改革を進めないと未来はない。規制緩和を進めろ。既得権益を剥がしとれ！

こうして歴史により築きあげられてきた諸制度が解体されてきたのがこの四半世紀のわが国の歴史です。

スペインの哲学者オルテガ・イ・ガセットは言います。

《飢饉が原因の暴動では、一般大衆はパンを求めるのが普通だが、なんとそのためにパン屋を破壊するというのが彼らの普通のやり方なのである。この例は、今日の大衆が、彼らをはぐくんでくれる文明に対してとる、いっそう広範で複雑な態度の象徴的な例といえよう》(『大衆の反逆』)

キーワードは無知と忘恩。

われわれは、自分たちの息の根を止めようとしているのです。

安保法制とは何だったのか?

いわゆる右も左も、現実を把握できていないのだから、論理展開がおかしくなる。こうして、花畑左翼と自称保守は共犯関係になった。右を見ても左を見ても、バカと阿呆の絡み合い。思考停止に思考停止が重なり、国は大きく傾いた。

それを象徴する例としてわかりやすいのが、集団的自衛権をめぐる騒動と、立憲主義に関する議論です。

二〇一五年の安保法制問題の根本は、そもそも集団的自衛権を現行憲法の枠内で通せるか否かです。憲法を普通に読めば通せないことは自明です。そこで話は終わりです。集団的自衛権の行使が必要なら、正当な手続きを経て、法案を通せばいいだけの話。

ところが安倍は、お仲間を集めて有識者懇談会をつくり、そこで集団的自衛権を行使できるようにお膳立てをしてもらってから閣議決定し、法制局長官の首をすげ替え、アメリカで勝手に約束してきて、最後に国会に諮り、強行採決した。

順番が逆です。集団的自衛権が必要であったとしても、国を運営する手続きを歪めてしまったら、大変なことになるという前提が社会から失われてしまった。

集団的自衛権の行使が必要かどうかという話と、現行憲法に照らし合わせて合憲といえるかどうかはまったく別の話なのに、それをごっちゃにして発狂している自称保守も散見された。

当時、産経新聞はこう書いていた。

「憲法改正による集団的自衛権の行使容認には、さらに膨大な時間がかかる。その間も日本を取り巻く安全保障環境が悪化していくことは容易に想像できる。憲法解釈の見直しによる行使容認は次善の策には違いないが、急ぐ必要があるのだから仕方ない」（二〇一四年三月二三日）

アホにも限度がある。急ぐ必要があれば何でもできるなら、法治国家ですらない。これは左翼カルトか全体主義者の発想でしょう。

しまいには首相補佐官の礒崎陽輔が、「法的安定性は関係ない」と言い出した。

安倍は「憲法解釈の基本的論理は全く変わっていない」「アメリカの戦争に巻き込まれることは絶対にない」「自衛隊のリスクが下がる」などとデマを流し続けました。

法案を正当化するために「存立危機事態」として挙げた例も全部デタラメ。ホルムズ海峡に機雷がまかれたケースも日本人の親子が米艦艇で移送されるケースも、事実上撤回に追い込まれています。

さらに安倍は、「日本の存立が脅かされ、国民の生命や権利が根底から覆される明白な危険」が「ない」と判断できない場合に、集団的自衛権の行使に踏み切る可能性に言及。完全に頭がイカれている。明白な危険が「ある」場合、つまり「存立危機事態」に武力行使できるという話をひっくり返してしまっている。「ない」ことなど判断できるわけがないので、やりたい放題やるということでしょう。

これ、とんでもない話なんだけど、メディアは腐っているのでほとんど騒がなかった。

一方で左翼も「法案が通ったら徴兵制になる」などと本筋ではないところで騒いでいた。

安保法制の問題の本質は、時の政権がルールを都合よく変えたということです。法的安定性などどうでもよくて、時の政権が勝手な憲法解釈をできるなら、人民政府と同じです。繰り返しますが、集団的自衛権の法整備が日本の国益に適うのなら通せばいいし、ムダないざこざに巻き込まれるだけなら止めればいい。それ以前に、サルでもわかる話ですが、大切なのは個別的自衛権の強化です。

だから軍隊アレルギーの左翼も、アメリカケツ舐めの自称保守も平和ボケなんですよ。

立憲主義を唱えるのは左翼?

思考停止のもう一つの症例が、立憲主義に関する議論です。

安倍は立憲主義について、「憲法が権力を縛るためのものだったのは王権の時代。その考え方は古い。今われわれが改正しようとしている憲法は、国家権力を縛るためだけではなく、私たちの理想や国のありかた、未来について語るものにしていきたい」などと言っていた。アホですね。当然、憲法は今も昔も権力を縛るためのものであり、民主権力もその対象になります。

同時に、憲法は国家の秩序の根本規範です。それは伝統による正統性を持った規範であり、「私たちの理想や国のありかた、未来について語るもの」であるはずがない。

自称保守は、「立憲主義などと言い出すのは左翼だ」「左翼の憲法学者が言っているだけ」「法匪だ」などと騒いでいましたが、頭がおかしいんです。

立憲主義が保守の本質であることくらい、イギリス憲政史の初歩の初歩を振り返ればわかる話でしょう。「マグナ・カルタ」とか義務教育で習わなかったのでしょうか。

もっとも立憲主義的な考え方自体は、西欧に古くからあるものです。

イギリスの歴史家ジョン・アクトンは、「権力は腐敗する、専制的権力は徹底的に腐敗する」と言いました。アクトンは自由を擁護する立場から、フランス革命を完全に否定しました。そこでは人民の名の下に権力が一元化され、恐怖政治と国土の崩壊を招くこととなった。

保守とは権力に対して警戒を怠らない態度のことでもあります。人間は間違うことがあるからです。だからこそ、あらゆる保守思想家は、権力の分散を説いてきたのです。

「立憲主義は左翼の妄想」と切り捨ててしまうところに、今の保守論壇の知的劣化が表れている。逆に立憲主義的な発想を破壊してきたのは、権力を集中させた左翼勢力ですよ。スターリン、毛沢東、ポル・ポト……。

そろそろ頭を整理しましょう。

安倍は保守とも右とも何の関係もない。やっていることは使い古された左翼全体主義の手法。一院制や党中央の権限の拡大を目論み、首相公選制を唱える大阪のデマゴーグまで利用しようとする。安倍と維新の会が組んで憲法改正をやったら、日本は第二の北朝鮮になりますよ。これは印象論ではなくて、彼らが唱える一院制、道州制、首相公選制、憲法解釈の手法等、普通に考えてそうなるという話です。

安倍およびその周辺のメディア、物書きは、売国・反日勢力と見切るべきです。

アホにつける薬

結局、安倍は国家を軽視しているんですね。

軍隊もおもちゃ程度にしか見ていない。

安倍はテレビ番組に出演し、「私はお国のために死ねる。◯か×か？」という質問に対し、△の札を出しています。その理由について「死ぬ覚悟はできてると、いま私が言ってもですね、嘘っぽく聞こえてしまうんだなと思うんですが」とニヤケ顔で答えている。嘘っぽく聞こえてしまうのは、普段から嘘しかつかないからである。

一般市民が「国のために死ねない」と言うのはかまわない。世の中にはいろいろな価値観を持った人がいる。むしろ、「国のために死ね」と強要するほうが問題です。

しかし、安倍は自衛隊のトップであり、部下を戦地に送り込む立場でしょう。部下は国のために命をかけている。上司が「国のために死ねるかどうかわからない」というなら、自衛隊員は死んでも浮かばれない。

安倍の国家に対するふざけた態度は、加憲を言い出したことからも明らかです。

憲法九条第一、二項を残しながら、第三項を新たに設け、自衛隊の存在を明記すると言うが、そもそも一項、二項と、追加する三項の整合性すらありません。要するに、自国の軍隊の法的な立場を明確にするという改憲派が積み上げてきた議論を全部ぶち壊したということ。戦後の欺瞞に欺瞞を重ねただけ。

改憲派も自衛隊員も安倍に完全にバカにされていることに気づかないのか？

そもそも、改憲派は今の憲法には「理想」ばかり書き込まれているとケチをつけてきたのではなかったのか？

つまり、安倍バンザイの自称「保守論壇」のいう「改憲」などファッションにすぎなかったということ。だから、安倍のような憲法の「ケ」の字も知らない「幼児」を恥じらいもなく支持できるのだ。

お友達を集めて、内輪だけで盛り上がり、私的な感情を公的な領域に押し付けていく。きわめて異常な政権が北朝鮮の隣に発生してしまった。

アホにつける薬はない。

オークショットと保守政治

イギリスの政治哲学者マイケル・オークショットは、統治者はプレイヤーではないと言います。保守的な政治理解によれば、統治者の役割は、ゲームの運行を管理し、プレイヤーにルールを守らせることであり、トラブルが発生した際、調停にあたるものであると。要するにレフリーですね。

オークショットは《統治者の職務とは、単に、規則を維持するだけのことなのである》（「保守的であるということ」）と言います。

《この性向（保守主義者）の人の理解によれば、統治者の仕事とは、情念に火をつけ、そしてそれが糧とすべき物を新たに与えてやるということではなく、既にあまりにも情熱的になっている人々が行う諸活動の中に、節度を保つという要素を投入することなのであり、抑制し、収縮させ、静めること、そして折り合わせることである。それは、欲求の火を焚くことではなく、その火を消すことである》

世の中にはいろいろな人がいます。それぞれ夢や理想を持っている。政治に対する意見も違う。その調整をはかるのが政治です。だから、統治者が熱くなって夢や理想を語りだしたり、その個人的な夢や理想を多様な価値観を持つ国民に押し付けるのはおかしいんですね。

それは人民政府がやることです。

もっとも、人民政府に依存してしまう弱い人間がいる。これこそがオークショットが指摘した「できそこないの個人」です。

西欧近代は「個人」を生み出したが、同時に「できそこないの個人」という性格が派生した。彼らは前近代的な社会的束縛を失い、自由になった反面、不安に支配されるようになった。自分を縛り付けてくれる対象を見つけようとするが、かつての共同体はすでに消滅している。だから、彼らは自己欺瞞と逃避を続けた。彼らは判断の責任を負う気力もないので、自分たちを温かく包み込んでくれる「世界観」、正しい道に導いてくれる強力なリーダーに飛びついた。同時に政治はそのニーズに応えるようになる。

こうして地獄が発生する。

そこでは統治者は、諸個人の衝突を裁くレフリーではなく、「コミュニティ」の道徳的指導者という性格を持つようになる。オークショットは、「個人性の熱望」が生み出した統治の形式を「議会政府」と呼ぶなら、大衆が求めたものは「人民政府」だったと言います。

そこでは政治家は、大衆の要求を実現するための「受任者」になる。公約だのマニフェストだのアジェンダだの八策だの耳あたりのよい政策を提示し、民意を国政に届けるのが「よい政治」ということになる。

「議会」は討論の場ではなくなり、根回し、利害調整、合意形成のための努力は無視され、多数派の意見が粛々と通っていく。

大衆はそれを見て、「政治はそういうものだよな」と達観する。ちょっぴり大人になった気分になる。これはまさに現在の日本で発生している現象です。

新しい国をつくる？

安倍は著書『新しい国へ』で、《わたしが政治家を志したのは、ほかでもない、わたしがこうありたいと願う国をつくるためにこの道を選んだのだ》と語っています。

これが人民政府の発想であることはすでに述べたとおりです。

安倍はよく吉田松陰の名前を出します。吉田は長州の武士で倒幕のイデオローグです。

安倍は吉田が引用した孟子の言葉「自らかえりみてなおくんば、千万人といえどもわれゆかん」がお気に入りのようで、自分が信じた道が間違っていないという確信を得たら断固として突き進むのだと繰り返している。

「この道しかない」「この道を。力強く、前へ。」といった安倍政権のスローガンはここから来ているのでしょうが、これは保守思想の対極にある発想です。保守とは理性や理念、合理や正義といったものに対し常に疑いの姿勢を崩さないことです。
フランス革命は理念をかかげて、正義を旗印に、合理的に社会を変革した。理性を神の位置に押し込み、旧来の制度を破壊した。ポル・ポトは社会を合理的に設計し、農民を土地から切り離した。

「夢を語る政治家の何が悪い」

「理想を牽引する強いリーダーが必要だ」

「できそこないの個人」がこう言ってきたら、オークショットのように答えればいい。

《要するに、「何故、統治者達は、彼ら自身の夢を統治に服する人々に対して押し付けることでなく、現在の見解や活動の多様性を受け容れることの方を選ぶべきなのか」と問われたなら、この性向（保守）を有する者は、「何故それではいけないのか」と答えるだけで充分なのである。彼ら統治者達の夢は他の誰の夢と比べても違っているというわけではないし、他人の夢がくどくどと語られるのを聞いていなければならないというのが退屈なことならば、それをもう一度演じさせられるなどというのは、我慢のならないことである。我々は、一つのことに熱中してしまうような人に対して寛容であり、それは習慣としてそうなのであるが、だからといって、何故、我々は彼らに支配されなければならないのか》（同前）

大衆は必ずしも「無知」ではありません。

しばしば知識人層の一員であったりもする。しかし、「道徳的な弱さ」があるので、政府に大きな権限を与えてしまう。オークショットが指摘するように、彼らは「統治者」と「指導者」を区別できないのです。

歴史の改竄

結局、安倍は政治を知らないんです。

歴史も知らないし、憲法も知らない。

本人はそれでいいと思っている。

間違いを指摘されたら思春期の女の子のようにプンプン怒る。

国会で民進党の山尾志桜里から批判されると、「議会の運営について少し勉強していただいたほうがいい」と逆切れし、「議会についてはですね、私は立法府、立法府の長であります」と発言。勉強不足はお前だろう。

これは単なる言い間違えではなくて、過去にも同様の発言をしている。

要するに、安倍は自分が何をやっているのかわからないまま権力を動かしていたということです。アメリカやロシアの大統領が自分の権限を知らなかったら、世界はひっくり返る。

念のため説明すれば、立法府の長は形式的には衆院と参院の議長であり、総理大臣は行政府の長です。行政（内閣）、立法（国会）、司法（裁判所）という三権分立は、義務教育で習うことでしょう。

なお、この安倍の発言について、自民党は「言い間違い」だと主張し、議事録を「行政府の長」に修正した。

歴史の改竄です。

ダボス会議の冒頭演説

二〇一四年一月、世界経済フォーラム年次会議（ダボス会議）の冒頭演説で安倍は、徹底的に日本の権益を破壊すると宣言します。

電力市場の完全自由化、医療の産業化、コメの減反の廃止、法人税率の引き下げ、雇用市場の改革、外国人労働者の受け入れ、会社法の改正などを並べ立て、「そのとき社会はあたかもリセット・ボタンを押したようになって、日本の景色は一変するでしょう」と言い放った。

典型的なファミコン脳ですね。

国家や社会は非常に脆いものです。細心の注意を払ってそれを運営するというきわめて危険な綱渡りのような作業を引き受けるのが政治の役割でしょう。

それを壊してどうするのか？

安倍が目指しているのは、シンガポールのような人工国家、独裁国家です。

「シンガポールに追いつき、できれば追い越したい。真剣に、そう思っています」と安倍は語っているが、これは外資を呼び込み、主婦を労働力として駆り立て、日本をシンガポールのような移民国家、複合民族国家にするという明確な意思表示です。

イギリスの政治思想家エドマンド・バークは言います。

《かれらにとって、ものごとの古いしくみをこわすことは、それが古いものだというだけでじゅうぶんな理由をもつのである。新しいものについては、いそいでたてた建物の永続性にかんして、かれらはなんのおそれも持たない》（『フランス革命についての省察』）

《あなたがたの政治家たちが、勇敢大胆な才能のしるしと考えるものは、能力のなげかわしい欠如の証拠にすぎない。かれらは、自分たちの乱暴な性急さと、自然の過程の無視によって、すべての山師と投機家に、すべての錬金術師とやぶ医者に、盲目的にゆずりわたされてしまった》（同前）

保守は伝統を重視します。そこに目には見えなくても大切なものが含まれていると感知するからです。だから、「日本の景色を変える」という勢力に対しては警戒を怠らないはずです。しかし、わが国における自称保守は、卑劣なグローバリストを無自覚に擁護してきた。結局、戦後の平和ボケ、思想の劣化、革命幻想、破壊願望、無知と忘恩、無責任と恥知らずの成れの果てに発生したのが安倍政権なのです。

竹中・三木谷大好き

二〇一六年一一月、安倍は国会で「わが国がＴＰＰを承認すれば、保護主義の蔓延を食い止める力になる」と発言します。安倍の正体を示す貴重な言葉でしょう。

国家の役割は、国益のため、国を守るために、その権限を行使することです。国益にかなうなら保護主義を選べばいいし、かなわないならやめればいい。それだけの話であり、保護主義自体を否定するのは、政治の放棄に等しい。

「竹中(平蔵)先生は愛国者」という言葉が示すように、安倍の行動はすがすがしいほど一貫しています。

ウォール街の証券取引所に行けば、「今日は、皆さんに、『日本がもう一度儲かる国になる』(中略)ということをお話しするためにやってきました」「ウォール街の皆様は、常に世界の半歩先を行く。ですから、今がチャンスです」と発言。

二〇一五年一月の新経済連盟の新年会では、こう述べる。

「三木谷（浩史）さんや金丸（恭文）さんには、産業競争力会議、ＩＴ総合戦略本部、規制改革会議にも参加をいただき、私の改革を強力にサポートいただいており、大変心強い限りでございました」

「先ほど、三木谷さんからご紹介をいただきましたが、新経済連のご要望はほとんど、われわれがやらさせていただいているのではないかなと、こんなように思います」

「私たちも感謝申し上げますが、皆さんにもちょっと感謝していただきたいと思います」

「今月始まる通常国会を、改革断行国会にしたいと考えています。農業・雇用・医療・エネルギーといった分野での岩盤規制改革をさらに強力に進めるための法案を提出いたします。改革が後退したり、骨抜きになったりすることは、決してありません」

こうしてわが国は「山師を投機家」に「盲目的にゆずりわたされてしまった」。

おぞましいの一言ですね。

安倍の視野に入っているのは、国民ではなく、三木谷である。

安倍が狙う皇室

安倍は皇室に対して、一貫して不敬な態度をとり続けてきました。

二〇一六年八月、天皇陛下が「お気持ち」を表明されると、官邸は、宮内庁長官の首をすげ替えます。

明らかに嫌がらせですね。

安倍が陛下のものまねをやって、からかった話も報道されました。

亀井静香は政治資金パーティーで「総理は、こんなふうに（亀井氏、杖をつく素振りをする）陛下の真似をして『あんなことまでして、本当に危ない』と言っていました」（『週刊現代』「新聞・テレビが報じられない天皇陛下『安倍総理への不満』」二〇一七年一月一四日・一月二一日合併号）。

安倍が陛下のものまねをして茶化したという話は、すでに『月刊日本』（二〇一六年一二月号）で、毎日新聞編集委員の伊藤智永が紹介していた。

「ある有力政治家の話ですが、彼が官邸の総理執務室で安倍さんと生前退位の話をしたら、安倍さんはカーペットに膝をつきながら、『こんな格好までしてね』と言ったらしいのです。ちょっと何て言うか、天皇陛下が被災者の方々に寄り添うお姿を、そういう風にちゃかしてみせるというのは……。信じがたいですね」

安倍は皇室に対し正気の沙汰とは思えない嫌がらせを仕掛けてきた。

政府は、二〇一九年一月一日に皇太子殿下を新天皇に即位させる案を検討している。

元日には早朝から「四方拝」が行われます。国の安寧や五穀豊穣を祈る大切な儀式です。

それ以外にも、皇族や首相、閣僚、衆参両院の議長、最高裁長官らのあいさつを受ける国事行為の「新年祝賀の儀」などがある。

また、新天皇の即位に際してはさまざまな儀式が必要になる。元日に同時に行うのは、どう考えても不可能です。

また、政府は、新天皇が即位する半年から数カ月程度前に新元号を発表することを計画している。その理由はカレンダーなど印刷物の都合らしい。

要するに、元日に新天皇を即位させれば、改元のタイミングとして手間が省けると。

天皇?

面倒くせえと。

完全に皇室をバカにしているんです。

日本人の九割以上は皇室を大切に思っています。

安倍はかつて大統領制を唱えていた橋下徹と改憲でタッグを組む意欲を見せている。橋下は日本の伝統に対する悪意を隠しもしない人物だが、これが皇室にとってどのような意味を持つのか、日本人は正気を取り戻して考えるべきだ。

結局、安倍みたいな人間が放置されてきたのは、社会が病んでいるということです。

はっきり言っておきましょう。

右翼も左翼も保守も革新も改憲派も護憲派も関係ありません。

安倍政権および安倍政権的なものは、文明社会、そして日本人にとっての敵なのです。

今が瀬戸際

冷戦終結により、表層的なところでしか世界を捉えていなかった連中は何がなんだかわからなくなってしまった。左翼も自称保守も同じです。左翼は「大きな物語」を失い細分化していく。自称保守も冷戦時代で思考停止しているので、すでに実態のない「左翼」を叩くことで充足する。反共という観念に熱中しているうちに、思考回路が似てきて、保守主義と新自由主義が水と油であることを理解できないバカが増殖し、挙句の果てにはグローバリズムという名のアメリカニズムと戦後体制の維持を擁護するわけです。

こうして「保守」が原理的な近代主義者になるという倒錯が発生する。

今の日本の保守論壇で発生している現象はまさにこれです。

極左のネオコンによるアメリカ覇権主義に尻尾を振り、時代錯誤の構造改革路線を突き進み、身動きが取れなくなった。

安倍は「政治も外交もリアリズムが大切だ」と言うが、問題は安倍およびその周辺に、リアリズムの欠片もないことです。世界各国の指導者が移民政策の失敗を認める中、得意気な顔で移民政策を進め、グローバリズムの問題が噴出する中、おかしな方向に進もうとしている。

社会が変化しているのに、それを理解できない人たちがイメージに流されていく。歴史的な背景や政治思想を一切抜きにしたところで、安倍という虚像が作られたわけです。「安倍さんは株価を二倍にしてくれた」「雇用が改善された」「慰安婦問題や拉致問題に奮闘して頑張ってきた」「憲法を変えてくれるのは安倍さんしかいない」「財界の要望に従うのも改憲という大義のためだ」「安倍政権を批判するのは改憲を阻止しようとする左翼の陰謀だ」「森友問題も加計問題もフェイクニュースだ」……。

妄想がどんどん広がっていくわけですね。

安倍信者のメンタリティーは人民政府の人民です。先ほど、オークショットの話をしましたが、「できそこない」は責任を負う気力がないので、強力なリーダーに判断をゆだねるようになる。オウム真理教と一緒です。こうした政体においては「正義」が法に優先します。

安倍はいみじくも「こんな人たちに負けるわけにはいかない」と言いました。身内には飴を与え結束させる。仲間内だけですべてを決めて、それに対して悪びれることもない。法を軽視するのが、人民政府の特徴です。

安倍を支持している連中のメンタリティーは完全に左翼です。人民政府の蛮行に対する反省の上に本来の保守政治はあるべきなのに、そのあたりの議論はすべて吹っ飛んでしまい、「偉大なリーダー」を礼讃する。

ひっくり返った世界

結局、社会が病んでいるんです。

だから、安倍を引きずり下ろせば一件落着という話ではない。

社会全体、そして日本人が根本的な反省をしないかぎり、同じことの繰り返しになります。大阪では維新の会みたいなのが蔓延ってますし、東京では小池百合子みたいなのが出てきた。今、安倍に騙されている連中も、近い将来、小泉進次郎みたいなものに騙されるのでしょう。

日本人は正気を取り戻すべきです。

この四半世紀にわたる改革ブーム、戦前戦中戦後を貫く無責任体質に対する根本的な反省が必要です。

安倍の問題は、森友問題、加計問題に収まるものではない。わが国の根幹に致命的なダメージを与えたということであり、政治思想の基本に立ち戻って考えなければならない問題です。

右も左も上から下まで改革幻想に侵されている。とにかく変えろ。破壊しろ。改革すれば理想社会がやってくると。夢や理想を利用して現状を破壊する。こうした左翼史観、進歩史観に日本人は深く汚染されている。

安倍みたいなものが増長した思想的背景はここにあると思います。

まっとうな個人は近代の中で悩むわけです。日本にももちろん悩んだ人はいた。小林秀雄も、福田恆存も三島由紀夫もいた。でも、彼らは負けたんです。

そして彼らはその宿命にも気づいていた。

三島はこう言います。

《私はこれからの日本に大して希望をつなぐことができない。このまま行ったら日本はなくなってしまうのではないかという感を日増しに深くする。日本はなくなって、その代わりに、無機質な、からっぽな、ニュートラルな、中間色の、富裕な、抜目がない、或る経済大国が極東の一角に残るのであろう。それでもいいと思っている人たちと、私は口をきく気にもなれなくなっているのである》（「果たし得ていない約束」）

いまや政権の中枢から、国が解体されるようになった。

それを批判する側も改革です。

「まだ改革が足りない」「改革を断行できるのはわれわれのほうだ」と。だから、本質的な対立軸にならない。

安倍と安倍周辺の一味が何をやったのかをきちんと検証することは必要です。

しかし、それだけでは足りない。

われわれは正気を取り戻し、政治を修復していく作業を地道に続けなければなりません。

人は追いつめられると自分や家族の命に関わることでさえ、真っ当な判断ができなくなる。

ガン患者やその家族がいかがわしい民間療法に飛びついてしまうように。

大事なのは治療法を間違えないことです。

COLUMN

松本人志と共謀罪

お笑いコンビ「ダウンタウン」の松本人志の異常性に気づいたのは、二〇一五年五月に大阪市でいわゆる「都構想」をめぐる住民投票があった頃だ。当時私は松本がどういう人間であるのか知らなかったので、住民投票翌日に松本のツイッターのコメントを見たときも、真意がわからなかった。そこには、「多数決で物事が決まるなら世界は中国の思いどうりになる。。。」とあった。住民投票は一万票差で否決されたが、ネット上には松本がその結果に苦言を呈したのではないかとの意見があった。私はまさか松本はそこまでアホではないだろうと思った。それで、多数決で決めてはいけない案件を住民投票（多数決）に持ち込んだ維新の会を批判したのだろうと軽く受け流しておいた。

しかし翌週に松本の真意が明らかになる。松本はレギュラー番組『ワイドナショー』（二〇一五年五月二四日放送）で、住民投票の結果を受けた橋下徹の政界引退表明についてこう述べた。

「都構想が良いか悪いかは置いといて、これだけエネルギッシュな人を辞めさせてしまったことは大阪市民の失敗だなと思います」

「絶対辞めてほしくなかったし、辞めさせてはいけないと思っていた」

「『（やしき）たかじんさんや（島田）紳助さんがもしいれば（結果が変わっていた）』と言っている人がいた。僕も『あるかもね』と正直思う」

当たり前の話だが、良いか悪いかを置いておくことはできない。エネルギッシュな人間が悪いことをしていたら最悪ではないか。たかじん、紳助云々は、大阪市民に対する侮辱だろう。

そもそも「都構想」という名称自体が詐欺だった。住民投票で賛成票が反対票を上回ったとしても、大阪府が大阪都になるわけではなく、政令指定都市である大阪市が五つの特別区に分割されることになっていた。大阪市民は自治も権限も失うわけで、百害あって一利もない。それでも賛成派と反対派の票が拮抗したのは、橋下維新が「二重行政の解消」による財政効果は「無限」などと嘘をつき、テレビＣＭで「教育費を五倍にした」などとデマを流し、タウンミーティングや街頭演説で目盛りを誤魔化した詐欺パネルを使い、大阪市民を騙したからだ。松本はこうした事実を知った上で、維新の会に加担したのだろうか？

芸人の職業倫理

お笑い芸人は、空気を読むのが仕事である。松本が成功したのは、その能力に長けていたからだろう。しかし、空気により政治を動かすのは危険だ。私は松本は無知なだけで、本質的には悪意のある人間ではないと思っている。しかし、自分の置かれている状況にあまりにも無自覚だ。

ある分野における専門家は、他の分野における専門家ではない。英文学の専門家がパイロットの判断に口を出すのは危険である。同様に、俳優、学者、画家、スポーツ選手として優秀であっても、政治に関しては素人だ。要するに、ワイドショーのコメンテーターに求められているのは、専門外の意見、素人の意見である。大衆はそれを見て「オレたちの意見を代弁してくれた」と共感し、さらにそれを自分の意見のように思い込む。つまり、思考の材料ではなく、思考停止の材料を提供するのがワイドショーである。

それでも芸人は世間とは違った切り口でコメントを出そうとする努力というか、職業倫理のようなものがあったはずだ。談志でもたけしでも上岡龍太郎でも、政治に言及する際には、ためらいや一呼吸のようなものがあった。しかし、松本は子供でも言わないような凡庸な意見をドヤ顔で言う。芸人としてどうかと思うが、問題は凡庸な人間が無害ではないことだ。

哲学者のハンナ・アレントは著書『イェルサレムのアイヒマン』で、ナチスの親衛隊中佐だったアイヒマンの裁判記録を残している。副題の「悪の陳腐さについての報告」が示すとおり、そこではアイヒマンは極悪人ではなく小心者の平凡な役人として描かれている。ナチスは狂気の集団としてではなく、市民社会の中から発生した。悪しき人間が悪しき意図を持って悪事を行う場合はたかが知れている。しかし、近代社会においては、思考停止した人々が「わかりやすい」世界観に飛びつくことで、「究極の悪＝全体主義」が発生する。アレントはメディアと社会的な俗情の結託に警鐘を鳴らしたのだった。

ネトウヨばりの「対案を出せ」

松本のアホなコメントは山ほどあるが、中には看過できないものがある。テロ等準備罪新設法案（共謀罪）については、「正直言うといいんじゃないかと思ってるんですけどね」「えん罪も多少あるかもしれないけれど、未然に防ぐことのプラスのほうが僕は多い気もするし」「だんだんふるいにかける網目の大きさも変わってくるんじゃないですか」（『ワイドナショー』二〇一七年五月二一日放送）と発言。これは完全にアウトだろう。

政府は「東京オリンピック開催に向けたテロ対策」「国際組織犯罪防止条約を締結するため」などとデタラメな説明を繰り返したが、松本はそれを鵜呑みにし「この法案が通らないとオリンピックとかに支障が出るってことですか？」などと言っていた。「えん罪」云々の部分は論外だが、そもそも「だんだんふるいにかける網目の大きさが変わってくる」ことが問題になっているのだ。

安全保障関連法案に対する松本のコメントも鈍感だ。反対派のデモについて「安倍さんがやろうとしていることに対して『反対だ！』っていう意見って、意見じゃないじゃないですか。対案が出てこないんで」「このままでいいと思っているとしたら、完全に平和ボケですよね」（『ワイドナショー』二〇一五年八月九日放送）。

「対案を示せ」はネトウヨ御用達のフレーズだが、安保法制は対案を示すような性質のものではない。安倍政権は安保法制懇という私的諮問機関の判断をもとに閣議決定を行い、法制局長官の首をすげ替え、しまいにはアメリカで勝手に約束してきて強行採決した。これは国を運営する手続きの破壊である。ほとんどの憲法学者が法案に反対したのは、違憲の疑いがある法案を通せば、国家の法秩序の連続性が切断されるからだ。

結局、安倍は「憲法解釈の基本的論理は全く変わっていない」「（アメリカの戦争に巻き込まれることは）絶対にあり得ません」「自衛隊のリスクが下がる」などとデマを流して強行採決に持ち込んだが、タチが悪いのは、法案の中身も知らずになんとなく安倍を支持した連中だ。その筆頭が松本だろう。ひたすら安倍に媚び、橋下に媚び、松井に媚びる。権力に尻尾を振り、弱者を叩く。ネトウヨなら社会的影響力はゼロに等しいが、松本の発信力を考えれば、その凡庸さは犯罪に近い。

松本は秘書に暴行を加えた自民党の豊田真由子も擁護していた。「秘書の方はわざと録音してて『ちょっと手を出すのはやめてください！』っていう説明ゼリフは気になりましたね」（『ワイドナショー』二〇一七年六月二五日放送）。

秘書が会話を録音したのは、すでに被害が発生していたからだ。つまり、松本は事実関係すら確認せずに、妄想を世間に垂れ流しているのだ。一度豊田に怒鳴られたほうがいい。

「この、ハゲーーーーーーっ！」

「違うだろーーーーーっ！」

第二章

だからあれほど言ったのに

肩書きや学歴に騙される人たち

ラッスンゴレライというのが流行っているそうですね。いや、もう流行ってないのか。私はテレビを見ないので細かいことはよくわからない。カラオケに行くと、他の客が歌った曲の履歴が一〇〇件くらい残っている。最近の若者の曲が多いのでしょうが、そのほとんどを知らなかったとき、ちょっとまずいなと思ったことを覚えています。新聞もとっていないし、雑誌もあまり読まない。

反時代的というか、精神衛生上「情報」を避けている面もある。要するに、時評を書くのにもっとも向いてない人間だと思います。

「じゃあ、時評なんかはじめるなよ」という意見もあると思いますが、たしかにそうなんですね。

新聞を読めば腹が立つし、流行を追えば胃が痛くなる。つい先日も内科に行った。それで毎日ほとんど古典を読んでいるのですが、社会現象に背を向けて「どうでもいい」と拒絶したところで、どうでもいいことが世の中を動かしている事実には変わりがない。
だとしたら、猥雑、もっと言えば猥褻な政治、社会現象の中に、正気を維持するためのヒントを見いだすしかないのかもしれません。時代の狂気は判断の指針を示すこともある。

アイドルグループ「SPEED」にいた今井絵理子が夏の参院選（二〇一六年）に出馬するという。安倍晋三は「政治にはスピードが必要」と言ったとか言わなかったとか。自民党も相当追い詰められているのでしょう。

それにしても今井の手話を使った出馬会見はいかがわしかった。彼女はシングルマザーで先天性高度感音性難聴の長男がいるという。家族の障害を公にするやつは最低。以前、元モーニング娘。の加護亜依が弟の障害を公表したときも私は批判しましたが、いくら落ち目のタレントの家族とはいえ一般人のプライバシーを晒すべきではない。

要するに「お涙ちょうだい」でしょう。佐村河内守や筆談ホステスと同類の障害ビジネスの匂いがする。

最初の直感は当たるもの。『週刊ポスト』（二〇一六年三月四日号）が今井の闇をすっぱ抜いた。半同棲中の今井の恋人は、二〇一五年まで那覇市で経営する風俗店で中学生を含む少女たちに本番行為をさせていたが、今井はこれを知っていた可能性が高い。男の共同経営者によると、今井はその風俗店を訪れたことがあり、男が逮捕された際には弁護士費用を払っている。「知らなかった」「キャバクラだと聞いていた」との言い訳は通用しないだろう。

男は闇金まがいの金貸しもしていて、借金を背負った少女たちに売春させていた。これが「女性の活用」か。

貧すれば鈍する。自民党は『五体不満足』の乙武洋匡を擁立しようとしたが最終的に断念。安倍政権が掲げる「一億総活躍社会」の目玉としたかったそうな。

しかし、世の中には活躍しないほうがいい人間もいる。それが乙武。彼の人格については以前から指摘されていたが、『週刊新潮』（二〇一六年三月三一日号）が不倫をスクープ。乙武には妻と三人の子供がいるが、愛人を旅行に連れ回していたという。また、結婚生活中に五人の女性と不倫していたことを告白した。

乙武曰く「肉体関係もあります。不倫と認識していただいて構いません」。さらには精神的被害者である女房に謝罪させて顰蹙を買った。先ほどの今井や「一億総活躍国民会議」の民間議員に起用された菊池桃子（長女の障害を公表）もそうだけど、たとえ正当な批判でも「障害者を差別するな」という声に掻き消されることもある。そこを狙って擁立したのなら、自民党も落ちるところまで落ちたということだ。

学歴詐称疑惑が再燃

自民党副総裁の高村正彦が、民主党と維新の党がネットで新党の名称を募集したことに関し「党名を世論調査で決めるというのはザ・ポピュリズム。選挙互助会にふさわしい決め方だ」と批判（二〇一六年三月一一日）。

よく言うよ。

民進党もロクでもないけど、自民党だって「広く党内外から公募」（自民党発行の党史）した党名である。また、公明党と選挙互助会を続けているのはどこの党か？　完全に「おまえが言うな」状態だが、それ以前にポピュリズムによる政治腐敗の成れの果てが今の自民党だ。

参院選までにあと何人、テレビタレントを擁立するんだろう？

ちなみに、自民党は参院選の比例代表候補の一人を公募で決めるそうな。

エマーソン、レイク＆パーマー（ELP）のキース・エマーソンが拳銃自殺した（二〇一六年三月一〇日）。享年七一。四月には来日公演も予定されていたのに。

パートナーの女性によると、キース・エマーソンはここ数年右手の調子が悪く、二〇一五年のコンサートの後、「演奏をやめろ」というコメントがネット上にあったことを気にしていたらしい。

エゴサーチというんですかね。自分の名前をネットで検索しても悪口しか書いてないんだから、見るほうが悪い。昔、私もやってみたら、「適菜収は安倍シンパだ」とか「民主党シンパだ」とか「創価学会だ」とか「共産党だ」とか、いろいろ出てきた。さすがに「おおさか維新シンパだ」というのはありませんでしたが。


メガ盛り、テラ盛り、つゆだく。国際派経営コンサルタントのショーン・マクアードル川上。盛るにしても限度がある。テンプル大学卒、ハーバード大学院でMBA取得、パリ第一大学に留学。でも本当は高卒。世界七都市に経営コンサルタントの拠点という話も嘘だった。渋谷にあるのは月三万円のレンタルオフィスで、実態はペーパーカンパニー。サイトに載せていた共同経営者（外国人）の写真はまったく無関係な人物だった。本名は川上伸一郎で、高校時代のあだ名は「ホラッチョ川上」。

『とくダネ！』（フジテレビ系）、『報道ステーション』（テレビ朝日系）などでコメンテーターをしていたそうですが、仕事もなくなり「四月からどうやって生きていけばいいですかね」などと語っているという。

こういう突き抜けた人は嫌いではない。面白いし。

要するに、肩書や学歴に騙されている人間がどれほど多いかということ。あの顔見て、すぐに「ホラッチョ」だと気づかないのか？　ホラ吹きが社会の一線でのさばるわけだ。

とばっちりを受けたのは安倍晋三。かつて指摘された学歴詐称疑惑が再燃。気の毒に。

成蹊大学卒業後、「引き続いて南カリフォルニア大学政治学科に2年間留学」と自身のウェブサイトに記載してあったが、民主党から事実関係を追及され、いつの間にか削除。なお、安倍が南カリフォルニア大学政治学科に在籍した事実はなく、外国人のための英語コースを受講しただけだという。ホラッチョ安倍。

アメリカの失敗を追う日本

タレントのケント・ギルバートが著書『やっと自虐史観のアホらしさに気づいた日本人』で紹介した内容の発言者名を誤記していたことが判明（二〇一六年三月八日）。版元のＰＨＰ研究所の説明によると、インタビューをまとめたライターが、ユーチューバーの「ＫＡＺＵＹＡ」を「かじや」と聞き間違い。なぜか神戸大大学院の梶谷《かじたに》懐教授の発言としていた。

これ、ライターの責任にしているけど、本人がゲラのチェックをしてなかったということでしょ。
最近は変な市民団体に参加。「日本のテレビ局の態度は傲慢」「放送局自体が活動家のよう」などと言っていたが、余計なお世話。出稼ぎにきた外人がなんで日本の話に首突っ込んでるの？

タレント女医の脇坂英理子（誰？）が診療報酬詐欺の疑いで逮捕（二〇一六年三月九日）。ホストクラブで一晩に九〇〇万円使うと豪語していたそうな。これまでの経験人数は六〇〇〇人以上。それこそ、どうでもいい。

一方、赤坂の韓国クラブで豪遊していたのは、元航空幕僚長の田母神俊雄の関係者。二〇一四年の都知事選後、残った寄付金など数千万円を政治資金収支報告書にほとんど記載せず、遊興費として使っていたとのこと。東京地裁特捜部は、政治資金横領疑惑で強制捜査に乗り出した。「元会計責任者が飲食店で私的に使った」と田母神は説明しているらしいが、愛人に数十万円のコートを贈ったとか、自宅の改修に充てたという話も出てきた（田母神事務所関係者）。

田母神といえば、韓国嫌いのネトウヨのアイドル。選挙で集めた寄付金が、韓国クラブに流れていたら切ない話だね。

山下達郎のヒット曲「クリスマス・イブ」がシングル連続チャートインの最多年数のギネス世界記録に認定（二〇一六年三月二四日）。

昭和六一年から三〇年連続で日本の週間シングルランキング（TOP100）に入ったとのこと。これは快挙。おめでとうございます。

この曲が入っているアルバム『MELODIES』は完成度が高く、私もよく聴くのですが、「クリスマス・イブ」は毎回飛ばす。三〇年もクリスマスのたびに聴いていたら、うんざり。


昔、究極の選択というのがあった。×××味のカレーとカレー味の×××ではどちらを選ぶとか。アメリカ大統領選をそれになぞらえるつもりはないが、共和党のドナルド・トランプも民主党のヒラリー・クリントンもどちらも嫌。

トランプはまともではない。顔も変だし。

「日本、韓国など守ることなどできない」と言うトランプが大統領になり在日米軍基地撤退を決めたら、日本の左翼は一体どんな顔をするのだろう？

アメリカが世界の警察をやめたら、日米関係も大きく変わる。プーチンがトランプを支持するのもそういうことでしょう。

トランプがやっているのは大衆運動であり、共和党自体が壊れる危険もある。わが国でもこの二〇年吹き荒れている現象ですが、社会に蔓延する不安や鬱憤、悪意がこういうところに集中してしまうわけですね。

ウォール街や大企業、軍事産業の立場を代弁するヒラリーを追い上げる「社会主義者」バーニー・サンダースの躍進も、背後には極端な格差社会やグローバリゼーションへの反発がある。だから、ヒラリーが勝っても、サンダース的な流れは終わらないはず。二〇年、三〇年遅れでアメリカの失敗を追っている日本も、そろそろ目を覚ましたほうがいい。

石破茂の限界

爆笑問題の太田光が高市早苗大臣を罵倒(二〇一六年三月八日)。

太田はラジオ番組で、高市が衆院予算委員会で放送法に基づく電波停止の可能性に言及したことにふれ、「お前の顔のほうが電波停止だよ」「お前の顔、映せねえよバーカ!」「モザイクかけるぞ!」と発言。

太田は数少ない私が好きな芸人でもあるが、これはNG。こういう乱暴な言い方だと、高市と同じレベルになってしまう。モザイクかけたら余計卑猥だし、片山さつきの顔にはモザイクをかけなくていいのかという別の問題も出てくる。

ちなみに映倫、いや、ＢＰＯの川端和治委員長によれば「高市総務相の放送法の解釈は憲法違反」とのこと。


オリンピック関係でまた揉め事が。

今度は新国立競技場の新デザインの設計案に、聖火台の設置場所がなかったとのこと。屋根に木材を使うので、消防法上の問題が発生するという。

大会組織委員会の森喜朗会長は、「日本スポーツ振興センター（ＪＳＣ）というところの少し頭のおかしな連中が、聖火台を作るのを忘れて設計図を作っちゃった」「組織委員会ばっかり悪者にしてね。あれ一番悪いのは馳浩（文部科学相）です。文部科学省です」と激怒。

要するにこういうことらしい。

競技場建設に木材を使うことをゴリ押ししたのは自民党林野族。森のポケットにも利権が回るようにしておかないからこういうことになる。「木を見て森を見ず」とはこのことだ。

前大阪市長の橋下徹が、バラエティー番組にレギュラー出演するとのこと。

橋下曰く「これからは、もう〝素〟でやらせていただきます！」（二〇一六年三月二二日）。メディアに〝素〟を暴かれたら激怒するくせにね。

テレビ朝日にモラルはないのか。


石破茂がすでに成立している法律を間違えて読み上げた件（二〇一六年三月一五日）。野党は辞任を求め、党内からも「たるんでいる」（自民党幹部）との声が上がった。

石破は「おかしいとは気づいていたが、表紙は今年のもので、そのまま読んでしまった」と釈明。おかしいと気づいても、表紙が今年のものなら、官僚の作文をそのまま読むらしい。

これは政治家としての資質の問題。

石破は国防に詳しいそうだが、「（日本人は）国民と国家という意識がきわめて希薄」などと言いながら、「移民受け入れを拡大するべきだ」と主張する。この矛盾に気づかないのが石破の限界か。

世界各地で移民政策による社会の崩壊が問題になり、深刻な反省が迫られる中、周回遅れの壊国路線を突き進んでいるのが今の自民党。一体いつの時代のペーパーを読んでいるのか？


保育園の待機児童の増加が問題になっている。自民党は選挙対策で急にいろいろ動き出したが、本来なら幼児を保育園に預けなくてもいいような社会をつくっていくほうが先決ではないか。今は専業主婦を労働力として駆り立てようとしているのだから本末転倒。

とりあえず、ここで取り上げたいのは次の一点。

参議院予算委員会での安倍の発言。

「待機児童ゼロを必ず実現させていく」「叙勲において、保育士や介護職員を積極的に評価していくことについても検討していきたい」

叙勲？

え？

夜はまだ明けぬか

ノーベル経済学賞受賞者のジョセフ・スティグリッツ米コロンビア大教授が来日（二〇一六年三月一六日）。政府の国際金融経済分析会合で「ＴＰＰは悪い貿易協定」と明言したがほとんどのメディアは報道せず。また、スティグリッツは記者団の取材に応じ、「現時点では消費税を引き上げる時期ではないと思っている」と述べた。

次いで来日したノーベル経済学賞受賞者のポール・クルーグマン米ニューヨーク市立大学

教授も、二〇一七年四月の消費税率の引き上げは先送りすべきだと指摘。

クルーグマンは、金融政策や通貨政策には限度があり、財政拡大を調整すべきだと述べたが、外人の権威に頼らなければ普通のことが普通にできないんですかね?

一方、民進党内からは消費税を五パーセントに戻せとの声も。馬淵澄夫元国土交通相は、消費税を上げたことで経済が悪化したのなら臨機応変な対応をすべきと主張。まったくそのとおり。

しかし民進党代表の岡田克也はテレビ番組(二〇一六年三月二八日)で、消費税を予定通り増税すべきだとの方針を明らかに。岡田じゃ選挙勝てないね。

二〇一六年三月一八日放送の『報道ステーション』(テレビ朝日系)が話題に。安倍が導入を目論む「緊急事態条項」とナチスが悪用した「国家緊急権」の類似性を指摘。キャスターの古舘伊知郎がドイツに渡り、世界一民主的といわれたワイマール憲法下でナチスが合法的に拡大していく経緯をレポートした。

自民党による憲法改正草案の内容を精査し、専門家の見解を交えながら、権力の集中や法治の軽視を批判。発動要件もきわめて甘い。

結局、「ナチスと同一視するのは安倍を叩きたいだけ」「緊急事態条項なんてどこの国にもある」とか言い出すようなやつが問題なんだよね。

もっともこの番組も民主主義と独裁の親和性についてはほとんど突き詰めていない。「世界一民主主義的なワイマール体制下にもかかわらず全体主義が発生した」のではなくて、民主主義の構造的欠陥が独裁、大衆運動である全体主義につながったわけで。このあたりはテレビとはいえきちんと説明すべきだった。

国内的にも国際的にもしばらく政治の混乱は続きそうです。こうした中、次なる機軸を打ち出す野党は存在するのか?

目についたのは大阪維新の会。大阪府知事の松井一郎と大阪市長の吉村洋文が立ち上げた「副首都推進本部会議」で堺屋太一がぶち上げたのが「一〇〇万人盆踊り大会」。猪瀬直樹が唱えたのは「若者が集うゲーム大会」。

夜はまだ明けぬか。

B層の聖域になった安倍晋三

小林秀雄の『考えるヒント』に「批評」という文章がある。
《自分の仕事の具体例を顧みると、批評文としてよく書かれているものは、皆他人への讃辞であって、他人への悪口で文を成したものはない事に、はっきりと気附く。そこから率直に発言してみると、批評とは人をほめる特殊の技術だ、と言えそうだ。人をけなすのは批評家の持つ一技術ですらなく、批評精神に全く反する精神的態度である、と言えそうだ》
小林が言いたいのは、批評は対象との関係を身体を懸けて摑むものであるということだ。そのためには、一度は対象を肯定しなければならない、と。でも、腹が立つものは腹が立つ。これも身体の問題だ。「人をけなすな」と言われることもあるが、僕は無智だから反省などしない。利巧なやつはたんと反省してみるがいいじゃないか。
将棋のプロ棋士とコンピューターソフトが対決する「第一期電王戦」（主催・ドワンゴ、日本将棋連盟）が開幕した（二〇一六年四月九日・一〇日）。関山中尊寺（岩手県西磐井郡平泉町）で行われた初戦では、コンピューターソフトの「PONANZA」が、山崎隆之叡王に八五手で勝利。なお、第二局は、五月二一日・二二日に比叡山延暦寺（滋賀県大津市）で行われ、一勝一敗の場合は引き分けになる。

『考えるヒント』の冒頭は、将棋とコンピューターの対戦の話から始まる。

《常識で考えれば、将棋という遊戯は、人間の一種の無智を条件としている筈である。名人達の読みがどんなに深いと言っても、たかが知れているからこそ、勝負はつくのであろう。では、読みというものが徹底した将棋の神様が二人で将棋を差したら、どういう事になるだろうか》

小林は考えてみてもわからないので、銀座でばったり出会った物理学者に聞いてみた。物理学者は無意味な結果が出るだけだと言う。先手必勝か、後手必勝か、千日手のうちのどれかになると。それを聞いた小林は、神を二人仮定したのが不合理だったのかと納得する。

囲碁界でも米グーグル社が開発したAI（人工知能）「アルファ碁」がトッププロ棋士イ・セドル（韓国）を破り、話題になった。では、人間の「読みの能力」に限界があるから、最終的にはコンピューターに負けるのか？

二〇一五年の電王戦では、阿久津主税八段が、以前アマ棋士がコンピューターソフトに勝利した局面を目指し、ソフトの開発者が短手数で投了を選択した。また、第二局では別のプロ棋士があえて「角」を成らず、ソフトが認識できず反則負けの判定が出る局面もあった。今のところコンピューターには合理で動くがゆえの弱点がある。

シャープはロボット型の携帯電話「ＲｏＢｏＨｏＮ」を五月に発売すると発表した（二〇一六年四月一四日）。体長一九・五センチ、重さは三九〇グラムの小型ロボットで、二足歩行ができる。声をかければ、メールを送受信したり、ネットで検索もかけてくれる。ソフトバンクがすでに販売している人型ロボット「Ｐｅｐｐｅｒ」は、感情を持つという。基本的な動きは個々の機体が人工知能により学習し、感情認識はクラウド（ネット上のデータ）で処理するという。

「ロボットが感情を持ったらまずい」という話は昔からよくある。カレル・チャペックの『ロボット』をはじめ、ディストピアを描くものが多い。こうした懸念はすでに現実のものになっている。ロボットが普及すれば、テロや犯罪に利用される機会も増える。壊れたら、なにを始めるかわからない。自分で電源を確保するようになったら危ないと思う。

また、ロボットが車を運転し事故を起こしたら誰が責任を取るのか。ロボットが人を殺したら牢屋に入れるのか。ロボットが自主的に学習した結果の行動に、所有者は責任を取れるのか。

現在、客案内のロボット、清掃ロボット、警備ロボット、荷物を運搬するロボットなどが稼動しているが、ロボットに仕事を奪われた人間は豊かといえるのか。労働＝悪ではないはずだ。

物理学者のスティーヴン・ホーキングは、「一〇〇年以内にロボットの知能が人間の文明を終わらせる可能性がある」と指摘した。ロボットを進化させるのはやめたほうがいい。

遊びは大人が教えるべき

男子バドミントン世界ランキング二位の桃田賢斗とロンドン五輪代表の田児賢一が、違法カジノに出入りしていたことが発覚し、会見が開かれた（二〇一六年四月八日）。

田児は二〇一四年一〇月から二〇一五年三月にかけて、東京都墨田区の闇カジノ店に月一〇回ほど通っていた。そこが警察に摘発されると、横浜にある同じ経営者の闇カジノ店に通うようになる。負けた金額は約一〇〇〇万円。

桃田を誘ったのは田児だった。桃田は同じ闇カジノに計六回通い、五〇万円負けている。なお、桃田は錦糸町のカラオケスナックの年上ママとも同行。今回の件が発覚したのは、この年上ママとキスしている写真が出回り、ある人物から買い取るように迫られたからだという。桃田が関係者に相談し、闇カジノの話も表沙汰になった。これで確実視されていたリオデジャネイロ五輪出場の道が事実上断たれたという。これはちょっとかわいそう。二一歳で場末のスナックのババアとキスって切なすぎる。ガキなんだから、遊びは大人が教えてあげないと。五輪担当相の遠藤利明は、この件について「言語道断。遺憾というより怒りを感じる」と述べていた。お前、カジノ議連のメンバーだろ。もっと気の利いたこと言えよ。

NHKのテレビ番組『おかあさんといっしょ』で一九九九～二〇〇三年に「うたのおにいさん」を務めた杉田光央が、覚せい剤取締法違反容疑で逮捕された（二〇一六年四月一四日）。当時『おかあさんといっしょ』を見ていた人は、「ああ、やっぱりな」と思うのかもしれない。私の知人にも当時幼稚園に通う娘がいて、ママ友の間で「あれは絶対にやっている」と話題になっていたそうな。顔の色も表情も変だったもの。『サンデー毎日』（二〇〇〇年一二月二三日発売号）が、杉田の覚醒剤疑惑を報じたときには、杉田は発売元の毎日新聞社を訴えている。当時もやっていたのでしょう。ネットには「子供の夢を壊すな」という批判もあったが、このおにいさんなら、「夢の世界」を教えてくれるかもしれない。

元航空幕僚長の田母神俊雄が逮捕された（二〇一六年四月一四日）。田母神は約六〇万票を集めた都知事選後の二〇一四年三月、港区の事務所で選挙対策本部事務局長を務めた島本順光に報酬として現金二〇〇万円を提供。さらに島本と共謀し、選挙運動員五人に報酬として計二八〇万円を渡したという。田母神は関与を一貫して否定しているが、「お世話になった人に謝礼を配りたい」と自ら提案していたと関係者は話している。

田母神は事務所がカネを配ったことについて、「違法性の認識はなかった」と弁解していたが、それが本当なら、そちらのほうが問題。こんな人に危機管理は任せられないよね。

今回、運動員への「報酬リスト」が立件の決め手になったらしいが、メディアは文書の一部を黒塗りにして報道していた。きちんと公開すべきである。

黒塗りといえば、自民党が出した環太平洋経済連携協定（TPP）の交渉資料も話題になった。自民党は民進党が求めていた政府の交渉資料を、特別委の理事懇談会に提出したが、すべて黒塗りで内容はまったくわからない状態だった（二〇一六年四月五日）。

安倍も相変わらず。衆院TPP特別委員会では、「私自身はTPP断固反対と言ったことは一回も、ただの一回もございませんから、まるで私が言ったかのごとくの発言は慎んでもらいたい」と発言。ツイッターでは、#ホラッチョ安倍、#毎日がエイプリルフールといったハッシュタグが乱立した。

自民党は前々回の衆院選で「TPP交渉参加に反対」と繰り返し、ポスターには「ウソつかない。TPP断固反対。ブレない。」とある。一部のネトウヨが、「安倍さんは嘘をついていない。『聖域なき』と条件をつけている」だって。

では、聖域とやらは守られたのか？

すでに報じられているように、それも嘘だった。もはや安倍はB層の聖域なのである。

グローバルおバカ人材

プリンスが死んだ（二〇一六年四月二一日）。享年五七。スタッフが自宅兼スタジオを訪ねたところ、エレベーター内で倒れていたという。

知り合いの女の子が、「私が子供だったときにはすでにプリンスは伝説だった。やることはやったのだから、仕方ないのではないか」と言った。それは違う。プリンスのすごさは、伝説をつくり続けていたところにある。膨大な未発表音源もあるし、この先もすごいアルバムを出していくことはほぼ間違いなかった。

要するに、世間はプリンスの偉大さをわかっていない。新聞各社の報道で、それをあらためて確認した。ジェームス・ブラウンもスライ・ストーンもジョージ・クリントンも、プリンスに託したものは大きかった。それはファンクの真髄である。グラミー賞やアカデミー賞は瑣末な話。

レッド・ツェッペリンが代表曲「天国への階段」は盗作だと訴えられていた。米ロサンゼルス連邦地裁は陪審の開始を決定（二〇一六年四月一一日）。アホすぎて腰が抜ける。ジャズも含めてポップスは構造的に一〇〇％盗用である。耳になじむコード進行は限られているので、その枠組みから逸脱するとそもそもポップスには聴こえない。ポップスはパフォーマーの個性や技術、癖を楽しむものであり、楽曲のオリジナリティを拒絶したところに成り立っている。訴訟を起こした「Ｓｐｉｒｉｔ」なるバンドの音源も聴いたが、あれで騒ぐのは難癖に近い。

レッド・ツェッペリン側は、「天国への階段」のイントロについて、数世紀にわたり繰り返し使われてきた構成だと主張。相手にしなけりゃいいのに。

日清食品はビートたけし、矢口真里、小林幸子、新垣隆らを起用した「カップヌードル」のＣＭの放送を取りやめると発表した（二〇一六年四月八日）。

「世界に通用するグローバルおバカ人材」の育成を目指す『OBAKA's UNIVERSITY』」の「学長」としてビートたけしが登場、不倫騒動があった矢口は心理学部准教授役として「二兎を追うものは、一兎をも得ず」と訴え、作曲家の新垣は、芸術協力学部教授役で二人羽織のように学生の背後についてピアノを弾く。これに対し、「不倫や虚偽を擁護している」といった抗議が寄せられたという。要するに暇なんだな。日清食品にはクレーマーをからかう「おバカシリーズ」を作ってほしい。

笑えないのは、現実の大学にグローバル学部が急増し、「グローバルおバカ人材」が社会の一線で暴走を始めたことだ。

熊本で大震災が発生（二〇一六年四月一四日）。

いつものことだけど、こういうときに人間性が明らかになる。募金詐欺が続発し、避難により不在の家に泥棒が入った。災害にかこつけて「緊急事態条項」の導入を訴えた官房長官の菅義偉も火事場泥棒のようなものだろう。「緊急事態条項」は発動要件も低く、政府の権限を無闇に拡大するきわめて危険なものだが、それ以前に大災害は現行の法制度で対応できるのである。

おおさか維新の会の片山虎之助は、「終盤国会になってから地震が起こった。政局の動向に影響を与えるのはたしかだ。大変タイミングのいい地震だ」と発言（二〇一六年四月一九日）。おおさか維新の会の共同代表にふさわしい人間のクズですね。

安倍は、衆院ＴＰＰ特別委員会で、熊本地震を受けて、「リーマン・ショック級、大震災級の事態にならない限り（消費税を）予定通り引き上げていく」と述べている（二〇一六年四月一八日）。熊本地震はたいした災害ではないと。東日本大震災のときは菅直人政権が重なったが、今回は安倍政権が重なってしまった。こんな連中が政治家をやっていることが、リーマン・ショック級の災害なのである。

映画監督になりたかった安倍晋三

政務活動費を騙し取ったとして詐欺罪などに問われた兵庫の号泣県議・野々村竜太郎の論告求刑公判が神戸地裁で開かれた（二〇一六年四月二五日）。検察は懲役三年を求刑。野々村は最後に証言台に立ち、「一人でも多くの人を幸せにしたい」と発言。抜群の安定感というか、期待を裏切らないコメント能力は健在だった。

米大統領選に向けた共和党の候補指名争いで、オハイオ州のジョン・ケーシック知事とテッド・クルーズ上院議員が撤退。実業家のドナルド・トランプが、七月の党大会で指名されることが確定した（二〇一六年五月四日）。ロックバンド「ローリング・ストーンズ」は、トランプ陣営が選挙集会でストーンズのヒット曲を頻繁に使用していることに反発。全楽曲の即時使用中止を求める声明を発表したが、トランプは使い続けているという。転がる石はどこまで転がるのか。

安倍晋三の女房、昭恵が『ＡＥＲＡ』（二〇一六年四月一一日号）のインタビューで「主人は、政治家にならなければ、映画監督になりたかったという人なんです。映像のなかの主人公をイメージして、自分だったらこうするっていうのを、いつも考えているんです。だから私は、主人は安倍晋三という日本国の総理大臣をある意味演じているところがあるなと思います」と暴露。安倍は産業競争力会議で、外国人の人材について「永住権取得までの在留期間を世界最短とする」などと述べていたが、日本移民国家化計画も佳境に入ってきた。映像のなかの主人公を演じるのは勝手だが、国民を妄想に巻き込むなよ。

暗い話題が続いたので、明るいのを一本。「橋下徹は演技性人格障害である」と指摘した『新潮45』が訴えられていた件。一一〇〇万円の損害賠償を求めた訴訟の控訴審判決が大阪高裁であり、橋下側の請求を棄却した（二〇一六年四月二一日）。

中村哲裁判長は「記事は当時の橋下氏を知る教員への取材や資料に基づいて書かれ、新潮社側には内容を真実と信じる相当の理由があり、公益目的もあった」と判断。新潮社側に一一〇万円の支払いを命じた一審大阪地裁判決を取り消した。

記事「大阪府知事は『病気』である」（二〇一一年一一月号）は、精神科医でノンフィクション作家の野田正彰が執筆。高校時代の橋下について「嘘を平気で言う」といったエピソードを紹介。「精神病質者」と指摘した。

スラップ訴訟により、各方面に恫喝を繰り返してきた橋下だが、そろそろその手口も通用しなくなってきたのだろう。橋下は『行列のできる法律相談所』（日本テレビ系）に八年ぶりに出演（二〇一六年五月八日）。結局、行列ができる店に行列ができるという理由で並ぶようなやつが、世の中を悪くしてきたのである。

欧米か！

東京工業大学の入学式で学長が英語で式辞を述べたという（二〇一六年四月四日）。

小泉のバカ息子が、既存の社会モデルを「ぶっ壊す」だって（二〇一六年四月一三日）。また、「六五歳から高齢者はもうやめよう」と、社会保障費の削減や年金支給開始年齢の繰り下げなどを匂わせた。相変わらずぶっ壊れているね。人相も悪くなってきた。しかし、ぶっ壊れた社会をぶっ壊せば、真っ当な社会に戻るのか。マイナスにマイナスを掛ければプラスになるように。当然そうはいかない。世の中は算数で成り立っているわけではない。人間は合理では動かない。それを知るのが政治の役割である。

維新新喜劇と一億総活躍社会

先日、大阪に行ったのですが、予定が狂い二日目の午後の時間がすっぽり空いてしまった。それで道頓堀周辺を散歩し、一〇年ぶりになんばグランド花月に入った。新喜劇の座長が小籔千豊だったので見るのを一瞬ためらったが、それはさておき、冒頭で坂田利夫の人形が出てきてダンスを踊った。

二〇一五年、大阪では「都構想」なる珍騒動が発生。住民投票前日の五月一六日に大阪に入った私は、南海難波駅前で行われた松井一郎と橋下徹の演説を見て、周囲に漂う腐臭にすっかりやられてしまったことを思い出した。

おおさか維新にはアホで有名な足立康史がいる。秘書にパワハラを繰り返したり、国会で他党を「嘘つき、アホ、バカ」と罵倒したり。この問題をめぐり、民進党は懲罰動議を衆院事務局に提出。おおさか維新の遠藤敬衆院議員は衆院議院運営委員会理事会で発言を陳謝し、足立を呼んで注意したことを明らかにした。

でもアホに何を言っても無駄なんですね。おおさか維新が東京で開いた若者との交流の場「日本若者協議会」で、足立は「関西ではアホは敬称だ。関西で最も尊敬されている方の一人に『アホの坂田』さんがいる。だからアホは敬称だ」と発言（二〇一六年五月一五日）。

維新新喜劇の中でもトップクラスのアホだろう。顔もアホ面だし。

悪口じゃないですよ。「関西ではアホは敬称」ですから。足立康史には、今後きちんと敬称をつけて「アホの足立」と呼んであげましょう。アホと呼ばれて、まさか怒らないでしょうね？

このドアホは。


おおさか維新には、アホの馬場もいる。

共同代表のアホの片山虎之助が、熊本地震について「政局の動向に影響を与えるのはたしかだ。大変タイミングのいい地震だ」と発言し問題になると、幹事長の馬場伸幸は、ツイッターで《片山参議院議員の発言は「いい」＝「ＧＯＯＤ」という意味ではありません。むしろ「ＢＡＤ」という意味です》と意味不明の釈明（二〇一六年四月二九日）。ジョージ・オーウェルの近未来小説『一九八四年』に登場するニュースピークではありませんが、本当にＢＡＤ

（悪い、荒れた、険悪な、質の悪い、粗悪な、偽物の、標準以下の、不十分な、間違った、下品な、猥褻な、有害な、不愉快な――英和辞典より）な連中ですね。

悪口じゃないですよ。維新語でＢＡＤは、むしろ「いい」という意味です。

なお、二〇一六年四月の終わりにはこんなことがあった。夏の参院選埼玉選挙区の公認候補として山田太郎という男が二五日に入党。しかし、「埼玉で活動することは不可能だと思う」と言い残し、二七日にはおおさか維新を去っていった。わずか三日。アホの馬場は、「人間として信用できる方ではない」と憤慨していたが、そもそも、おおさか維新の中に「人間として信用できる方」が存在するのか？

福山雅治のギター

飛んで火にいる夏の虫。渡辺喜美が松井一郎と会談し、参院選でおおさか維新から立候補することで合意した（二〇一六年五月九日）。渡辺は会談後の記者会見で「みんなの党がなくなって改革勢力がなくなっては困る。一兵卒でいいから一緒に改革をやらしてほしい、と伝えた」と説明。松井は「改革マインドは同じ」と応えたという。

この二〇年にわたり猛威を振るった改革ブームでおいしい思いをしたのが忘れられないの

でしょう。第一次安倍政権下では、行政改革・規制改革担当大臣に就任。天下り根絶や道州制の推進などに関わった。その後、麻生内閣を批判して自民党を飛び出し、みんなの党を結成。絵に描いたような改革バカですね。

カネに汚いことでも有名。サラ金業者の団体や道路特定財源関連の団体から献金を受けたり、商品先物取引会社などからダミー団体を通して、迂回献金を受けたり。父親の秘書時代にはリクルートの未公開株を受け取っていた。化粧品大手ＤＨＣの吉田嘉明会長から借りた八億円を何に使ったかと問い詰められ「酉の市で熊手を買った」と釈明したのは面白かったが、関東のお笑いは関西でどこまで通用するのか？

笑ってはいけないけど、つい笑ってしまった話。

歌手で俳優の福山雅治の自宅マンションに女が侵入（二〇一六年五月六日）。マンションの管理会社のパート従業員、宮本万里子が逮捕された。福山は緊急時に備えてマンションの合鍵をコンシェルジュ側に預けており、宮本はこの合鍵を持ち出したようだ。

福山の女房で女優の吹石一恵が帰宅したところ、室内から女が飛び出してきて「すいません、違いますから」などと言いながら逃走したという。

宮本は「ギターが好きで福山さんのギターが見たかった。だけど部屋が真っ暗で見えなかった」と供述したという。

え？

誰もが福山の熱狂的なファンが犯人だと思っていたこの事件。でも、見たかったのはギター。

これはちょっと福山さんが気の毒。

舛添要一が公用車を使って毎週湯河原の別荘に通っていたとか、不透明な政治資金の支出があったとか、「公私混同」を指摘されていた件。定例会見で舛添は、元検事の弁護士二人に調査を依頼したことを明らかにした（二〇一六年五月二五日）。

たしかに舛添の対応はロクでもないが、周辺で騒いでいるのが猪瀬直樹とか橋下徹とか東国原英夫とか石原慎太郎とか、一昔前のクズばかりなのが興味深いですね。

前東京都知事の猪瀬は、ほとぼりも冷めたとばかりに出てきて、自分は出張の際一五〇円のペットボトルのお茶代も自腹で払ったと胸を張っていた。お茶代一五〇円はどうでもいいから、徳洲会の五〇〇〇万円を説明しろっての。公職選挙法違反で公民権停止中のやつが、何言ってんですかかね。

二〇一一年の都知事選に出馬した東国原英夫は、よほど未練があるのか、涎ダラダラ。公用車規定について舛添が「ルール通りやっている」と説明したことに対し、「小学生の子供の言い訳」だと批判していた。

東国原といえば、不倫を繰り返し「まだイレてなかった」などと発言。二〇一四年に不倫が発覚したときは「僕にとって妹・娘のような存在」と釈明している。小学生の子供の言い訳かよ。

一九八六年には暴行罪で逮捕、一九九七年には傷害容疑で書類送検されている。「ルールを守れ」というその台詞、そのまんま返しておく。

橋下はツイッターで「湯河原に毎週行くのは自由。でも公用車はダメ。警護上の理由でのスイートルームはダメ。ファーストクラスもダメ」「なぜ全国の知事・市町村長が舛添さん問題にだんまりなのか。それは皆、同じようなことをやっているから。この事実を明らかにすることこそメディアの仕事。しっかりしろ」「全国の自治体首長の公用車使用状況をちょっと調べれば、そのデタラメぶりが明らかになるよ。運行記録を情報公開請求すれば一発」などと連投（二〇一六年四月二八日）。

盗人猛々しいとはこのことだ。橋下は大阪府知事時代、公用車でフィットネスクラブに行き、公私混同ぶりが問題になっている。知事日程では「庁内執務」となっていたにもかかわらず。

石原も同類。「舛添さんの問題はあまりに惨めな話」などと批判していたが、海外出張の際、都条例の規定を大幅に超過する経費を使っていたのはどこの誰なのか。高級ホテルやクルーザーに宿泊し、高級料亭で知事交際費が使われるなど公私混同の極致。石原のカネの使い方は、裁判で一部が違法と認定され、二〇〇九年に石原の敗訴が確定している。

舛添は立憲主義についてはまともなことを言っていた。こうした連中に比べたら、舛添のほうがはるかにマシである。

利用された被爆地広島

第四二回先進国首脳会議（G7伊勢志摩サミット）が三重県で行われた（二〇一六年五月二六～二七日）。サミット終了後の記者会見で安倍は、二〇一七年四月に予定されていた消費税率一〇％への引き上げを再延期する方針を表明。それ自体はかまわない。しかし、首脳会議で世界の経済状況について二〇〇八年のリーマン・ショックを繰り返し例に出したのは常軌を逸している。安倍は「今回のサミットで、世界経済は大きなリスクに直面しているという認識については一致することができた」と自画自賛していたが、ドイツ首相のメルケルは「世界経済は、そこそこ安定した成長を維持している」、イギリス首相のキャメロンは「危機、クライシスとまで言うのはいかがなものか」と反論。フランスの「ル・モンド」紙は「安倍晋三の無根拠なお騒がせ発言がG7を仰天させた」と切り捨てた。イギリスの「テレグラフ」紙は「英国は日本経済で失敗した安倍総理のアドバイスに耳を傾ける価値なし」とすでに報じている。世界中で失笑を買った安倍発言だが、そもそもこれ、風説の流布じゃないの？

サミット閉幕後の二〇一六年五月二七日、オバマは現職の米国大統領として初めて被爆地の広島を訪問。日本政府はアメリカ側に謝罪を求めなかったという。

亀井静香が「反省もされず、謝罪もされないのであれば、おいでいただかないでほしい」「見物をするなら、大統領をやめた後にしてほしい」と言っていたが、これに尽きるのではないか。

オバマはたしか「核なき世界」とか言い出してノーベル平和賞をもらったんだよね。もちろん核の削減などほとんど進まず、アメリカは新型核爆弾を鋭意開発中。オバマと被爆者が抱き合うシーンもあり、「友好ムード」が演出されたが、英BBCは「オバマのすぐ近くには、核発射コードが入っているブリーフケースを持った男がいた」と揶揄。さすがだね。NHKとは雲泥の差。

当日の朝刊の見出しを並べてみよう。「大統領へ　被爆者の声」（朝日新聞）、「オバマ氏　平和記念資料館へ」（読売新聞）、「オバマ氏、被爆者と面会へ」（毎日新聞）、「きょう広島訪問」（産経新聞）。

ぬるいですね。

原爆投下は人類史上最悪のジェノサイドであり、明らかな戦争犯罪である。原爆投下を命じたのは人種差別団体のクー・クラックス・クラン（KKK）にいたことがあるトルーマンだ。敗戦国を「人道に対する罪」という事後法で裁きながら、連合国の明確な犯罪はスルー。「人道に対する罪」が成立するなら真っ先に裁判にかけなければならないのはアメリカである。でも、戦勝国だからそのあたりは適当に流して、敗戦国にはいろいろ条件を飲ませてというのが戦後レジームですね。

で、「戦後レジームからの脱却」などと言って人気を集めていた男がいたが、化けの皮が完全に剥がれたようだ。国会でポツダム宣言を「つまびらかに読んでいない」と発言して騒ぎになり、その後、本当は読んでいるなどと言い出したが嘘だろう。先日国会でも追及されていたが、『Voice』（二〇〇五年七月号）の対談で安倍は《ポツダム宣言というのは、米国が原子爆弾を二発も落として日本に大変な惨状を与えた後、「どうだ」とばかり（に）たたきつけたものだ》と語っている。

ポツダム宣言は一九四五年七月二六日。原爆投下は八月六日と九日。政治家としての資質がどうこう以前の問題で、中学生レベルの歴史の知識がすっぽり抜け落ちている人なんだよね。「戦後レジームからの脱却」と言いながら、アメリカに尻尾を振って戦後レジームの固定化を図っているわけで、こんなのに騙される「自称保守」も頭がどうかしている。

歴史に対する無知と、歴史に対する謙虚さの欠如は、そのままつながっている。政権の支持率が上がるだろうくらいの感覚で被爆地を利用するのは許されることではない。

歴史は繰り返す

マイクロソフトが最新のＯＳ「ウィンドウズ10」の普及を促すために、アップグレード開始日時を自動的に決めて利用者に通知。「勝手に更新された」との苦情が相次いだ。更新予約のメッセージが送りつけられ、利用者が拒否するための手続きをとらない限り、アップグレードが始まるという。

ペットショップで犬を買ってきたら、翌朝猫になっていたみたいな話でしょう。「ウィンドウズ7」とは使い勝手も違うし。アメリカ人のやることはよくわからない。

タレント弁護士のケント・ギルバートが日本会議福岡北九州支部の総会で講演し、「憲法改正すべきだ」だって（二〇一六年五月八日）。日本のタレント弁護士がアメリカに行って「合衆国憲法を改正すべきだ」と言ったら、「帰れ、アホ」と言われるだけの話。こんなのを調子に乗らせている連中も同類。

沖縄県うるま市の二〇歳女性行方不明事件で遺体が見つかり（二〇一六年五月一九日）、沖縄県警は死体遺棄容疑で米軍属の男を逮捕した。オバマの広島訪問直前だったため、政府・与党内から「本当に最悪のタイミングだ」という声が相次いだそうな。人が殺されているのに、いいタイミングも悪いタイミングもない。本当に卑劣な連中ですね。片山虎之助のアホ発言は先ほど紹介したが、自民党もおおさか維新レベルになってきた。

なお、オバマは被害女性に対する謝罪はせず、日米地位協定の改定も行わないことを明言。沖縄県議選（二〇一六年六月五日）では、基地移設に反対する翁長知事を支える勢力が勝利したが、当然の結果だろう。

膨らみ続ける東京オリンピックの費用が問題になっているが、今度は裏金疑惑が。イギリスの「ガーディアン」紙は、オリンピック招致をめぐり巨額の裏金が動いていたと報道（二〇一六年五月一一日）。フランス検察当局は、不正が行われた可能性があるとして捜査を進めている。

元国際陸上連盟会長のラミネ・ディアクの息子が関係するシンガポールの会社に、二〇一三年七月と一〇月の二回に分けて、日本の銀行口座から二八〇万シンガポールドル（約二億二三〇〇万円）が振り込まれたことが確認されているが、そこは実体のないペーパーカンパニーだった。ここにコンサルタントとして絡んでいたのが広告代理店の電通。民進党幹事長の枝野幸男は、電通の担当者を国会に呼ぶ必要性に言及したが、不正があったとしたら、当然オリンピックは返上すべきである。東京都民としては不正がなくても返上してほしいけど。

民進党が提出した保育士給与を引き上げる法案が審議入りしないことについて、民進党政調会長の山尾志桜里が安倍を批判。安倍は激高し「議会の運営について少し勉強していただいたほうがいい」「私は立法府、立法府の長であります」「立法府と行政府は別の権威。（国会での）議論の順番について私がどうこう言うことはない」と反論した（二〇一六年五月一六日）。

菅直人は総理時代、自分が自衛隊のトップであることを知らず、国民を驚愕させたが、行政府の長が自分の立場を知らないのはさすがにヤバすぎるでしょう。

数日後には「もしかしたら言い間違えていたかもしれない」と釈明していたが、翌五月一七日にも国会で「立法府の私」と発言していた。二〇〇七年五月一一日にも同様の発言が。少し勉強していただいたほうがいいのはどちらなのか。

世の中、だんだん笑えなくなってきた。一億総活躍社会とか本当にやめてほしい。今の世の中、活躍しているのは活躍しなくていいやつばかりではないか。社会のブレーキも利かなくなってきたので、過去の蛮行を繰り返すだけ。

マルクスは「歴史は繰り返す。一度目は悲劇として、二度目は新喜劇として」と言った。違ったっけ。まあ、いいや。

「バカ消費者」を手玉にとる政治家

今の日本は企業のみならず社会全体、特に政治がコンプライアンスの不全に陥っています。

その原因となっているのは率先して模範を示さねばならない政治家や経済人のトップに蔓延《はびこ》る「法令順守をしていれば何をやってもいい」という考え方です。これはアメリカの契約社会のもので、日本古来の土地に密着した道徳感情とは結びついていません。このアメリカ型ロジックが今、政治の世界を侵しています。

私は『日本をダメにしたB層の研究』をはじめ、さまざまな角度からの「B層」を扱った本を執筆してきました。

二〇〇六年、郵政選挙の際に自民党は「メディアを使って選挙をどう戦うべきか」という分析を広告会社に依頼しました。その企画書によると、B層とは「構造改革に賛成し、小泉純一郎首相の『ワンフレーズ・ポリティクス』に流されるタイプ」と定義されています。

わかりやすく言えばB層とは社会学の定義でいうところの「大衆」のこと。隣の人の価値観にすぐに従い、テレビの影響をモロに受けやすい人たちのことです。

テレビは基本的に〝バカを生み出す機械〟です。テレビ番組の目的は、不特定多数の人間にCMを見せてモノを買わせることです。スポンサーを得るためには視聴率を稼がなくてはなりません。そのためには「大多数が好む番組」を作る必要がある。だから「底辺のレベル」に合わせた番組作りが行われます。「上のレベル」に合わせたら下がついて来れず、視聴率が稼げないからです。

こうなると「底辺」に向かうスパイラルに陥ります。視聴者はバカな番組を見てバカになり、そのバカに合わせて番組を作るので、さらにテレビは下劣になる。この構造が「モノを考えずに消費する人間＝騙されやすい人間」が増えている要因です。

当時の小泉自民党は「バカを騙したほうがてっとり早い」というマーケティングの手法をいち早く取り入れ、実際に郵政選挙で大勝しました。

橋下徹の「催眠商法」

ここで問題になるのは、「ポピュリズム」です。一九九四年の小選挙区比例代表並立制の導入や政治資金規正法の改正により、ポピュリズムが蔓延る土壌ができた。こうした中、住民投票、国民投票、裁判員制度など、本来はプロが管理するべき領域に、素人の判断が入り込むようになってしまった。

その結果、大衆を扇動し、社会に蔓延する悪意やルサンチマンを吸収することで勢力を伸ばす集団が現れた。その典型が橋下徹が率いた維新の会です。

私はかつて維新の会のタウンミーティングに潜入したことがありますが、その手法は老人を騙す「催眠商法」そのものでした。

例えば、「自分たちは教育費を五倍にした」と胸を張る。しかしこれは大ウソ。塾の助成金やタブレット代など、自分たちがカネをかけた数字だけを都合よく抽出してきて「五倍」だというのです。当然、大阪市の住民はそんな数字を出されても検証できないので信じてしまう。素人が知らない専門用語や数値を連呼して、それらしいことを言葉巧みに操る手法は、わけのわからない成分を連呼して「カラダによい」と思わせるいかがわしい健康食品と同じです。

これは、本来なら明確なコンプライアンス違反。まさに「違法でないなら、何をやってもいい」の典型例でしょう。

そういう人物を利用しようとする政権与党にも問題がありますが、野党の側にも問題があります。いくら野党が「戦争になるぞ」とか「九条を守るぞ」と騒いでも、安倍は痛くもなんともありません。なぜなら、この言葉もB層に向けられたもので、安倍政権の本質的な危うさ、すなわち極端なグローバリズム路線に対する批判になっていないからです。メディアは表面的な対立を煽り、粛々とおかしな法案が通っていく。これでは政治のコンプライアンス不全の流れは止められません。

騙されるやつが悪い？

政治家や企業に蔓延する「騙されるやつが悪い」、「違法でなければいい」というロジックの背景には「グローバルスタンダード」を錦の御旗に、法律も経済もアメリカ式に変えようという流れ、つまり「植民地化」の流れがあります。

小学校では英語が必修になり、それを低学年に拡大している。でも、英語がしゃべれても日本語以上に高度な会話ができるわけではありません。

よく日本では「これからはグローバルな時代だから英語を使えないと国際競争に勝てない」などと言いますが、この〝脅迫〟は亡国のもとです。

白人に道を聞かれた日本人がオドオドするという英会話学校のCMがありましたが、

なぜそんな〝緊急事態〟に備えるために英語を勉強しないといけないのか。政治家の常套文句「改革なくして成長なし」と同様、不安を煽り、「英語を話せるほうが良いか、悪いか」の二択問題にするわけです。これが表層的なイメージに流されるB層には効く。グローバルといえば聞こえはいいですが、要するに「植民地洗脳教育」です。背景にあるのは、日本をグローバル化し、外資と移民を呼び込みたいという財界と政治の癒着です。法人税減税、TPP、消費増税……すべて経済界の都合で進めているわけですから。

このようにコンプライアンス問題は企業のモラル、メンタリティとも確実にリンクしています。これまでの信頼関係で成り立っていた商取引は崩壊しつつあります。この流れを止めるのは、根本的には社会と政治を立て直すしかないのですが、結局は制度の問題なので、行くところまで行くしかないと思います。近代はどこかで破局を迎えるしかない構造なのです。

ただし、破局への流れを遅らせることはできる。それは個人が正気を保ち、適切に情報判断することです。「モラルのない企業の商品は買わない」「モラルのない政党には投票しない」。大事なのは〝賢く〟あるということ。それが今の政治、企業のコンプライアンスに異を唱える唯一の方法です（談）。

第三章

無知とデマで世界はまわる

国の命運を国民投票で決めるな

ここのところ毎日プールに通っています。約一時間。そのうち水中ウォーキングが三〇分、残りの時間は平泳ぎとビート板でバタ足を交互にやっている。そのことを先日知人に話したら、「糖質制限と筋トレを一緒にやるとすぐにやせますよ」と言われた。きわめて不本意である。なぜ、やせるためにプールに通っていると決め付けるのか。プールに通っているのはダイエットのためでも、アルコールで肥大した肝臓を修復するためでもない。

体重一〇〇キロのやつが、プールに通って適正体重の七〇キロになったとして、その瞬間に末期ガンで死んだとしたら、それでもプールに通ってよかったと思うのか、もっと有意義に時間を使うべきだったと考えるのか。もし前者でないなら、プールになど通わないほうがいい。

先日、道を歩いていると幼児がはしゃぐ声が聞こえてきた。保育園の庭にビニールの丸型プールが設置され、そこに一〇人くらいのガキがつかって騒いでいた。あれでいいのだ。やつらはやせようなんて思っていない。水と遊んでいるだけだから。部屋でギターを弾くのはミュージシャンになりたいからではなく、楽しいからである。酒を飲むのは、酒を飲んでいる時間が楽しいからであり、飲み終えた瞬間に醒めてしまってもそれはそれでかまわない。

政治哲学者のマイケル・オークショットは、保守的性向として「現在の楽しみ」を追求することを挙げ、釣り人を例に出す。

《しかし釣りという活動は、獲物という利益を求めてではなく、人がそれ自体のために携わることがあるものなのであり、従って釣り人は夕方手ぶらで家に帰って行く時でも、魚の獲れた場合と比べて少しも不満足ではないこともある》（「保守的であるということ」）

彼らは「慣れ親しんだ」道具を活用し、釣りという行為自体に喜びを見いだす。政治においても、すでに所有している道具（制度）を修繕しながら活用するのは保守的な態度といえる。変革を求める心情は、多くの場合、過去に対する無知と忘恩に起因する。

東大・東北大名誉教授で、憲法学者の樋口陽一が「かつての自民党と現在の政権与党は同じ政党ではない」とインタビューで語っていた（『日刊ゲンダイ』二〇一六年六月一三日）。「現政権を『保守』と呼ぶ人が多いが、本来の意味での『保守』には3つの要素が不可欠です。第1は、人類社会の知の歴史遺産を前にした謙虚さです。第2は、国の内・外を問わず他者との関係で自らを律する品性。第3は、時間の経過と経験による成熟という価値を知るものの落ち着きです。私たちをいま取り巻いているのは、そのような『保守』とはあまりにも対照的な情景です」

まあ、そのとおりですね。

かつての自民党は、巨大な国民政党であり、多様な意見を吸収する包容力があった。派閥も機能していたので、党内でバランスをとることもできた。問題は今の自民党が保守の要素を完全に失ってしまったことだ。

安倍晋三に「愛国者」のラベルを貼ってきたメディアの責任も重い。かつて民主党の売国政策を批判していた連中は、移民政策、TPP、家族制度の解体、恣意的な憲法解釈といった安倍の売国・壊国には口をつぐみ、価値判断ができない人たちをミスリードしてきた。

こうして無知と忘恩の政治が蔓延るようになる。目指すべき方角を間違えれば、待ち受けているのは地獄だ。自民党の参院選（二〇一六年七月一〇日）のキャッチフレーズは「この道を。力強く、前へ。」だった。「遍路」（中島みゆき作詞作曲）を思い出す。

〽もう幾つ目の　遠回り道
行き止まり道

手にさげた鈴の音は
帰ろうと言う　急ごうと言う
うなずく私は　帰り道も
とうになくしたのを知っている

舛添問題が炙り出したもの

舛添要一の東京都知事辞任をめぐる騒動は、いろいろなものを炙り出した。

メディアに煽られ「舛添辞めろ！」といきり立っていた人々が、今度は都知事選に五〇億円の費用がかかることについて「怒りの声」を上げているそうな。だったら小銭をちょろまかした程度の舛添にやらせておけばよかったという話。舛添を追及していた連中だってロクでもない。自民党都連は総額三五〇〇万円を「会議費」名目で飲食代につぎ込んでいたし、リオデジャネイロ五輪・パラリンピックに都議会から二七人の視察団を送る計画も、「無駄遣い」と批判を浴びて頓挫した（二〇一六年六月二四日）。後ろめたいことがないなら、なぜ中止するのか。

なお、舛添騒動に助けられた形になった甘利明は、早速、朝食会という名の政治資金パーティーを開いていた。弁当しか出ないのに会費は二万円。舛添も甘利に倣って雲隠れしていればよかったのに。

舛添の後釜を狙う有象無象の中でも断トツでぶっ飛んでいたのが渡邉美樹。ブラック企業の代名詞となった居酒屋チェーン和民の創業者で、二〇一一年の都知事選では「素人であるがゆえにものすごい政治家になれる」などと寝言を飛ばし落選している。

今回も変なことを言っていて、「私のようなトップリーダーが求められている」だって。一体なんの冗談なのか。

自民党の小池百合子が自民党都連の了承を得ないまま都知事選へ出馬表明（二〇一六年六月二九日）。「崖から飛び降りる覚悟で挑戦したい」と発言し、「それを言うなら清水の舞台から飛び降りる覚悟だろう」とネットでツッこまれていた。

その後テレビ番組で「崖だろうと清水の舞台だろうと、スカイツリーだろうと問題ではない」と弁明。話題づくりの小細工か。

日本テレビの情報番組『スッキリ!!』が、渋谷の一〇代有権者にアンケートをとったところ、「ポスト舛添」にふさわしい人物として、一位が橋下徹、二位が蓮舫、三位が東国原英夫、同率三位がアイドルグループ「嵐」の櫻井翔、五位が櫻井の父親の元官僚桜井俊となった（二〇一六年六月二〇日放映）。

選挙権年齢の引き下げの危険性を明らかにしたような結果だが、それでも大阪のアレや元犯罪者に比べたら、櫻井翔のほうがはるかにマシ。というか、ぜひ出馬してほしい。

結局、蓮舫は都知事選に出なかったが、アホが勇み足。自民党衆院議員の菅原一秀が、党会合で「（蓮舫は）五輪に反対で、『日本人に帰化をしたことが悔しくて悲しくて泣いた』と自らのブログに書いている。そのような方を選ぶ都民はいない」と発言（二〇一六年六月一七日）。

菅原は朝日新聞の取材に対し、「蓮舫氏のブログではなく、ネットで流れていた情報だった」と訂正した。蓮舫は「（帰化して泣いたというのは）ＳＮＳで拡散されているデマだ。国会議員がこのレベルの書き込みを真剣に受け取って発言するとは驚きだ」とコメント。

ツイッターは〝バカ発見器〟と揶揄されてきたが、政界にもネトウヨみたいなやつが増えてきましたね。

昔陸軍、今産経

ネット上にはデマがあふれている。鵜呑みにするのは危ない。最低でも大手メディアの報道を参照すべきである。しかし、大手メディアがネット上のデマをもとに記事を書いていたらどうか？

「ＴＢＳ番組『街の声』の20代女性がピースボートスタッフに酷似していた?!『さくらじゃないか』との声続出」（『産経ニュース』二〇一六年六月一六日）という記事。新橋駅前で街頭インタビューに答えた女性が、熊本地震の際にインタビューに応じたピースボートのスタッフに似ているという噂がネット上で広まったのだが、産経は裏も取らずにそのまま報道。

ピースボート側は、女性スタッフは当日熊本におり、東京で街頭インタビューに応じられるわけがないとし、「当団体に確認を取れば明らかになることにもかかわらず、当団体には事前に一切の連絡もなく、単なる憶測で書かれたもの」「大手マスメディアとしての自覚がない」と抗議。産経は取材を怠ったことを認め、記事を削除、謝罪文を掲載した。

こんなこともあった。

産経新聞は、舛添の政治資金疑惑に関し、「民進調査チームも元検事起用　アドバイザーに郷原弁護士」(二〇一六年五月三一日)と報じたが、元検事で弁護士の郷原信郎本人が、「事実無根」と抗議。郷原によると、産経から記事掲載前に連絡があり、「調査チームのアドバイザー就任の依頼は受けていない」と回答していたのに、コメントは無視されたという。取材してもコレなら、手の打ちようがない。先日、誰かが言っていた。「昔陸軍、今産経」「保守系」論壇誌の編集者に提案。十年一日のごとく、朝日新聞を批判する記事もそろそろ飽きてきた。「産経新聞の研究」をやったらどうですか?

「大阪都構想」を批判していた田中康夫が、おおさか維新の公認候補として参院選に出馬(二〇一六年六月八日)。「日本変えられる」だって。

以前、『週刊文春』で「今週のバカ」という連載を始めたとき、田中がツイッターで非常に丁寧な応援メッセージをくれた。それで、「ありがとうございます。いずれ田中先生も斬らせていただくことになるかもしれませんが、そのさいにはなにとぞ御容赦ください」と返事をしておいた。「今週のバカ」、終わってしまってちょっと残念。

同情したがる人々

歌舞伎俳優の市川海老蔵が、妻でフリーアナウンサーの小林麻央が乳がんを患っていることを会見で明かした（二〇一六年六月九日）。その後、メディアが自宅周辺に殺到。海老蔵は取材の自粛を要請し、無神経なメディアに対する世間の批判が高まっていた。

これに『ダイヤモンド・オンライン』が「引き下がったら、雑誌メディアは存在意義を失う」と反論。海老蔵は「大切なのは病という事です」と応酬した。

個人的には放っておいてやればいいと思う。そもそもゴシップ誌を読んだり、ワイドショーを見ているやつは、人の不幸が三度の飯より好き。ニーチェも言うように、人は他人に同情することにより、自分の優位を確認し、快感を得る。

《他人が幸福なときには、彼らは何もすることがなく、余計ものであり、自分は優越を保っているとは感じられず、それゆえにすぐ不満の色をみせる》（『人間的、あまりに人間的』）

海老蔵も調子に乗れば袋叩きに遭い、そうでなければ同情される。一見対立するように見える現象の根本にあるのは同種の卑劣なメンタリティーである。

マイアミ・マーリンズのイチローが、日米通算四二五七本となる安打を放ち、ピート・ローズが保持していた記録を塗り替えた（二〇一六年六月一五日）。これに対しローズは、「日本の記録をカウントするのなら、自分のマイナー時代の安打数も入れてくれ」と主張。

イチローは「（記録を）どうしてもらっても構わない」「ピート・ローズが喜んでくれれば（自分の気持ちも）全然違う。でもそうではないと聞いていた。だから僕も興味がない」と完全にスルー。いつもどおり淡々としているイチローもいいし、子供っぽく悔しがるローズも素直でいい。

で、わけがわからないのが憤慨して騒いでいる第三者。そんなにローズに記録を認めてほしいの？

昔、ウィルソン・ピケットが「あなたのシャウトはジェームス・ブラウンに似てますね」と言われて、不満気な顔で答えていた。

「いいか、よく聴け。JBのシャウトは、アアアアア！　オレのシャウトは、ア゛ア゛ア゛ア゛ア！だ」と。小さいことにこだわるやつはカッコいい。

『一九八四年』の世界

官房長官の菅義偉の在職日数が一二五九日となり、吉田茂、佐藤栄作両内閣で官房長官を務めた保利茂を抜き、歴代二位の長命になった（二〇一六年六月六日）。

菅曰く「正直、こんなに長くとは思っていなかった」。たしかに長すぎる。おおさか維新べったりで、反党行為を繰り返してきた卑劣な男が官房長官を続けているのが今の日本である。

安倍の爆弾発言「私は立法府の長」（二〇一六年五月一六日）が、衆院国会議事録で「行政府の長」に修正されているそうな。二〇一五年九月一七日の参院の議事録も未定稿では「議場騒然、聴取不能」となっていたが、「質疑を終局した後、いずれも可決すべきものと決定した」と書き加えられていた。

昔、そんな小説を読んだことがある。ジョージ・オーウェルの『一九八四年』の主人公である役人ウィンストンの仕事は、歴史の改竄である。「党」にとって都合が悪い過去の事実を抹消し、新たに歴史を捏造する。また、同じ省内では言葉の破壊活動が継続的に行われている。「ニュースピーク」は、「党」が英語をもとに作成した架空の言語であり、その目的は「党」に反する思想を考えられないようにすることだ。

語彙の削減、意味の反転、略語の作成、イメージの置き換え……。たとえば強制収容所を「歓喜キャンプ」と言い換える。昨今のわが国でも、移民は「外国人材」、家族制度の破壊は

「女性の活用」、惨禍を招くグローバリズムは「積極的平和主義」といった言葉で誤魔化されているが、事実そのものが抹消・捏造されるなら、やがて歴史の解釈すら不可能になる。近い将来、わが国から「失言」は消滅するのかもしれない。

安倍は首相官邸で会見を行い、二〇一七年四月に予定していた消費税率一〇％への引き上げについて、「内需を腰折れさせかねない消費税率の引き上げは延期すべきだと判断した」と述べ、二〇一九年一〇月に再延期する方針を表明した（二〇一六年六月一日）。

延期に異存はないが、説明があまりにもデタラメだ。当初二〇一五年一〇月に予定されていた一〇％への引き上げは、二〇一四年一一月に延期が発表されたが、そのとき安倍はこう言っていた。

「（延長後に）さらに延期するのではないかといった声がある。再び延期することはない。ここで皆さんにはっきりとそう断言いたします」

なにかにつけて「絶対」とか「必ず」といった断言を繰り返す安倍だが、今回の会見では「これまでのお約束と異なる新しい判断。『公約違反ではないか』とのご批判があることも真摯に受け止めている」と発言。なかなか便利な言葉ですね。なにを約束しようが、「新しい判断」という言葉で簡単にひっくり返すことができるのですから。

その会見の直前に開かれた選対会議で安倍曰く「責任政党として約束することは必ず実行する、できることを約束していく政党であらねばならない」。

コントかよ。

民進党代表の岡田克也は、滋賀県草津市のJR草津駅前で街頭演説し、安倍政権が三年前の参院選後に特定秘密保護法、前回衆院選後に安全保障関連法を成立させたことに触れ、「私たちは三回続けて騙されてはいけない」と発言（二〇一六年六月一一日）。民主党時代を含めたら「四回続けて」だけどね。

ちなみに、滋賀県の草津には群馬県の草津温泉と間違えて来る人がいるらしい。滋賀の観光案内所は、そういう人にJR草津駅近くにある老舗銭湯「草津温泉」を紹介していたという。しかし、二〇一六年六月二九日でそこも閉店。九一年間の歴史に幕を下ろした。

インターネット検索大手のグーグルの発表（二〇一六年六月二四日）によると、イギリスの国民投票でEU離脱派が勝利を決めた後、イギリスで検索回数が最も多かったキーワードは「EU離脱は何を意味する?」で、二番目は「EUって何?」だった。要するにイギリス国民の多くが投票の意味を理解していなかった可能性がある。結果の是非は別として、そもそも国の命運に関わるような問題を国民投票にかけること自体が間違っているのだ。

しかし、わが国はイギリスを笑えない。京都大学大学院の検証（田中謙士朗、宮川愛由、藤井聡）によると、「大阪都構想」が実現すると大阪市の扱いがどうなるかについて、住民投票で反対票を投じた人々ですら正解率は二割弱に留まり、賛成票を投じた人々の正解率はわずか二%だった。これが意味することは何か？

判断できない人に判断を委ねたら、社会は崩壊するという事実である。

邪悪な人間と闘うために

自宅から最寄りの駅に向かうとき、よく通る道がある。大通りにつながる住宅街の細い道だが、そこに犬のフンがよく落ちている。昨日今日の話ではない。少なくとも一〇年前には「ここにフンをさせないでください」という張り紙があった。道沿いの家の多くが被害を受けており、わずか五〇メートルほどの距離に張り紙が一〇カ所以上ある。

長い文面もあった。

「飼い主さんへ。モラルを忘れないで。ご自身の自宅前にフンがあったらどう思いますか！」

私がいつも見かけるのは、細くて小さいフンだから、同一犯と思われる。犯行時刻は人通りの少ない深夜だろう。要するに犯人は、住民が切実に被害を訴える中、一〇年以上にわたり犬のフンをまき散らしているわけだ。

モラルがない人間にモラルを求めても仕方がない。防犯カメラを設置したり見張りをつけて犯人を特定したところで、逆ギレされる可能性もある。警察を呼んでも、交番で説教されるくらいだろう。乱暴に身柄を拘束すれば、住民側が罪に問われかねない。有効な警告を与えることができたとしても、犯人は翌日から一本隣の通りで犬の散歩を始めるだけだ。

世の中には「邪悪」としか形容できない人間が一定の割合で存在する。ある酒場で政治の話題になった。興味はなかったが、議論をふっかけられたので、いくつかの事実のみを指摘した。すると彼は都合が悪くなったのか、まったく関係ない話を始めてごまかした。私は酔っぱらっていても話のスジは追っているので、それを指摘すると逆ギレした。

立場が違う人間、考え方が違う人間と議論することはできるが、邪悪な人間とは無理である。そのとき私は、橋下徹が書いたいくつかの文章を思い出した。

《交渉において非常に重要なのが、こちらが一度はオーケーした内容を、ノーへとひっくり返していく過程ではないだろうか。まさに、詭弁を弄してでも黒いものを白いと言わせる技術である》《交渉では〝脅し〟という要素も非常に重要なものだ》《私は、交渉の過程で〝うそ〟も含めた言い訳が必要になる場合もあると考えている。自身のミスから窮地に陥ってしまった状況では特にそうだ。正直に自分の過ちを認めたところで、何のプラスにもならない》（『図説　心理戦で絶対負けない交渉術』）

《どんなに不当なことでも、矛盾していることでも、自分に不利益になることは知らないふりを決め込むことだ》《絶対に自分の意見を通したいときに、ありえない比喩を使うことがある》《たとえ話で論理をすり替え相手を錯覚させる！》（『最後に思わずＹＥＳと言わせる最強の交渉術』）

社会にべっとり張り付いた邪悪な存在から、われわれは無傷でいることができない。それに抵抗する作業を意識的に続けない限り、われわれは悪の支配を受けることになる。

維新の会は犯罪のデパート

参院選（二〇一六年七月一〇日）終了後、おおさか維新の会から逮捕者が続出した。これはもう維新の風物詩みたいなものですね。大阪府警は、比例代表で立候補し落選した梅村聡と中谷裕之の両陣営の関係者計四人を公職選挙法違反（買収）の疑いで逮捕。

この手の買収や詐欺は、おおさか維新の会が圧倒的に多い。

二〇一二年の衆院選では、買収で逮捕された八人中六人が維新の会陣営だった。逮捕者が出たのは、「関西ではアホは敬称」で話題になった足立康史陣営、仮病疑惑の上西小百合陣営、みんなの党から維新にくら替えした桜内文城陣営。京都一区から立候補した田坂幾太陣営も逮捕者を出している。

二〇一四年の衆院選では、石関貴史陣営、升田世喜男陣営から逮捕者が。

要するに犯罪体質なんだよね。振り返ってみても、悪事のオンパレード。維新の会の公募校長は、ＰＴＡのカネを自宅に持ち帰ったり、スーパーで和菓子を万引きしたり。公募区長はセクハラに経歴詐称。議員もクズばかり。後援会関係者に市の事業を発注したり、ＬＩＮＥで女子中学生を恫喝したり、架空のタクシー代を請求したり、街宣車を不正使用したり、子供の送迎費用を政務活動費から流用したり、飲酒運転中に事故を起こし逃亡したり、市議団の政務活動費を横領したり。ちょっとした犯罪集団である。「身を切る改革」と言うなら、まずは解党すべきだろう。

松井一郎がインタビューに答えていた（「スポーツ報知」二〇一六年七月七日）。松井は、高校二年の時、大阪工業大学高（現・常翔学園高）を中退し、福岡工大付属高（現・福岡工大城東高）に編入。インタビュー記事には「高校から大学にかけてのアルバイト経験が、『身を切る改革』の原点だった」とある。

「今の時代ならアカンけど、まあ、ケンカとかもあってね。学校同士の（生徒間の）もめ事に首を突っ込んで、自分が当事者になってしまった。親からも『ちょっと修業に出てこい』と言われて、福岡の高校の寮に入った」

これまでのメディアの報道とかなり違うが、「もめ事」に巻き込まれただけというのは事実なのか？

『週刊文春』（二〇一二年五月二四日号）によれば、松井の父親の松井良夫（元大阪府議会議長）は、「競艇の父」と呼ばれた笹川良一の側近で、創業した「大通」は住之江競艇場の電気保守工事や物販を一手に引き受けてきたという。

松井は素行の悪さが重なり高校を退学。地元にいられなくなり、モーターボート競走会のコネを使って笹川が理事を務める福岡の高校の編入試験を受けることになった。前日に問題用紙を不正入手したものの、頭が悪すぎて解答をなかなか暗記できなかったそうな。「今の時代ならアカン」ことではなく、当時も「アカン」ことをしたから地元で生活できなくなったわけだろう。これははっきりさせるべき。

で、例のアレも相変わらずの無責任発言。ツイッターで「ＥＵ離脱は感情的な非合理な判断だと決めつけている自称インテリが多い。日本にあてはめて考えればイギリス国民の悩みが分かる。パスポート審査なしで中国人、韓国人、さらには東南アジアの人々が大量に日本にやってきて自分たちの生活習慣で生活をし、低賃金で仕事をする日本社会に耐えられるか」（二〇一六年七月三日）だって。

これまでの橋下の発言を振り返ってみよう。

「外国人材の受け入れを含め、岩盤規制を打ち破っていただきたい」「少子高齢化の時代で外国人の力を借りざるをえない。体制を整えてどんどん受け入れる」「女の人が全部自分で家事をやらないといけないのは日本だけ。外国人の力を借りながら、大阪で女性の家事労働の負担を下げたい」（二〇一四年六月一五日）

いい加減にしろよ。

箸の持ち方

熊本地震の発生直後に「地震で動物園のライオンが逃げた」とツイッターでデマを流した男が逮捕された（二〇一六年七月二〇日）。熊本市動植物園の業務を妨害した疑い。大阪「都構想」の住民投票の際、ツイッターでデマを流していた関西方面の前市長はなぜ逮捕されないのか？

東京都知事選（二〇一六年七月三一日）、盛り上がりませんでしたね。唯一面白かったのが石原伸晃。自民党東京都連は増田寛也の擁立を正式に決めた日、石原伸晃会長や内田茂幹事長名で「都知事選挙における党紀の保持について」と題する文書を出している（二〇一六年七月一一日）。文面には「各級議員（親族等含む）が、非推薦の候補を応援した場合は、党則並びに都連規約、賞罰規定に基づき、除名等の処分の対象となります」とある。これだけで十分アホなのに、さらに仲晃の弟でタレントの良純がいい仕事をした。野党統一候補の鳥越俊太郎に「今までの鳥越さんを見てきたら信頼感は大きいのではないですか？」とエール（『バイキング』二〇一六年七月一三日放送）。

で、伸晃はいつ除名されるの？

それともいつも通りの与太？

自民党東京都連の浅知恵は結局小池百合子を利しただけ。まあ、党の方針に真っ向から逆らう人間を放置すれば示しがつかないという理屈はわからないでもない。だったら、おおさか維新と裏でつながり、大阪「都構想」を支えた安倍晋三と菅義偉も反党行為で除名すべきだな。

参院選で初当選したアイドルグループ「ＳＰＥＥＤ」の今井絵理子が、自民党本部を訪れ、「まずは、雑巾がけから頑張ってまいりたい」と挨拶（二〇一六年七月一一日）。だったら、ダスキンにでも就職すればよかったのに。

二〇一六年九月には民進党代表選があるが、党内から代表の岡田克也に対する批判が相次いでいるらしい。増子輝彦はメールマガジンで「一日も早く辞任すべきだ」「民主党政権崩壊の中心にいた議員たちはいいかげんに退場してほしい」と発言（二〇一六年七月二〇日）。馬淵澄夫も執行部の野党共闘路線に批判的な見解を示し、「改憲勢力に三分の二（の議席）を与えてしまった厳然たる事実を直視しなければならない」と訴えた（二〇一六年七月二一日）。

え？

野党が共闘しなければもっと負けていたわけで、意味がわからない。それに民進党は二〇一三年参院選の一七議席から三二議席とかなり票を伸ばしている。全国三二の改選一人区では、自民党が二一勝一一敗と勝ち越したものの、沖縄、福島では野党統一候補が現職閣僚に勝利。日経新聞の世論調査では、民進党支持層の七三％が「衆院選野党統一」を望んでいる（二〇一六年七月二五日）。足を引っ張っているのはお前らじゃないか。

東大生らによる強制わいせつ事件で三人が起訴された。被告らは二〇一六年五月一〇日、JR池袋駅近くの居酒屋で飲み会を開催。罰ゲームと称して女性にむりやり酒を飲ませていた。二次会で女性は裸にされ、肛門を割り箸で突かれたという。

これは箸に対する冒瀆《ぼうとく》でもある。普段からきちんと箸を使っていれば、絶対にこういうことはしない。こんな若者が将来政治家になったら今のように国が傾く。箸使いは、歴史や文化、伝統、「公」というものに対する姿勢とそのままつながっている。

ヘタレの「あまちゃん」

NHK朝の連続テレビ小説「あまちゃん」のヒロインを演じた能年玲奈が芸名を変えたという。事務所独立騒動と関係があるそうな。新しい芸名は、ひらがなで「のん」。犬みたいな名前だなと思ったら、藤井聡内閣官房参与の飼い犬が「のんちゃん」なんだよね。猫の「ノンタン」というのもいたな。

アメリカの犬もいる。

安倍政権はイラク戦争に関し、米英の武力行使を支持した当時の首相小泉純一郎の判断を「妥当」と判断（二〇一六年七月七日）。小泉の判断を事実上追認した二〇一二年の外務省報告も見直さない方針だという。その理由として、「イラクは当時、大量破壊兵器を保有していない事実を証明しようとせず、査察受け入れを求める国連安全保障理事会決議にも違反した」だって。

安倍は以前こんなことも言っていた。

「累次にわたる、言わば国連決議に違反をしたのはイラクでありまして、そして大量破壊兵器がないことを証明できるチャンスがあるにもかかわらず、それを証明しなかったのはイラクであったということは申し上げておきたい」(二〇一四年五月二八日)。

当然イラクに挙証責任はない。かつて小泉純一郎は同じことを国会で言い、世間の笑いモノになり、菅直人からさえたしなめられた。

左翼は能天気に「戦争ができる国になってしまう」とか言っているが、すでに日本はイラク侵略に手を染めている。爆撃で一般市民が死んでいる。寝ぼけるのもいい加減にしろ。

そういう意味ではイギリスにはまだ救いがある。

独立調査委員会は、当時のブレア政権(労働党)がサダム・フセインの脅威を過剰に表現し、準備不足の英軍部隊を戦地に送り出し、戦後の計画は「まったく不十分だった」という見解を発表した(二〇一六年七月六日)。チルコット委員長は、二〇〇三年三月の時点で「切迫した脅威」はなく、国連安全保障理事会の大多数が支持していた封じ込め政策の継続は可能だったと指摘。政府が得ていた機密情報は武力行使の正当な根拠となるには不十分で、外交手段を尽くしてもいなかったと批判した。報告書は「誤った情報分析をもとにイラク侵攻が決定されたが、政府内でその内容が問いただされることはなかった」「(ブレアは)英国が米国を無条件に支えることが前提だと思い込んでいた」と指摘。イラク介入により、激しい宗派間対立が勃発し、その影響は現在の世界情勢に響いているとした。ここのところ世界各地でテロばかり。ダッカ(二〇一六年七月一日)、ニース(七月一四日)、ミュンヘン(七月二二日)、カブール(七月二三日)、バグダッド(七月二四日)……。挙げていけばきりがない。

報告書発表後に記者会見したブレアは、参戦の判断については謝罪しなかったが、「開戦当時の情報分析は、結果的に誤っていた」と認めた。

労働党党首のジェレミー・コービンは、「軍事侵略の罪を負うべき人々を訴追する権限」を国際刑事裁判所に与えるよう、英国政府も協力すべきだと表明。イギリスの国会議員によりブレアは起訴された。

日本の国会議員には小泉を法廷に引きずり出す気概はないだろうね。ヘタレの「あまちゃん」だから。

自称保守と左翼の混乱

石原慎太郎がまた寝言を。天皇陛下の譲位が騒がれている件について、「私は陛下より一つ年上だが、それでも頑張っている。本当に陛下には、もうちょっと頑張っていただきたい」「摂政という形など、歴史の事例がたくさんある。陛下に日本の象徴として、天皇でいていただきたい」（『プライムニュース』二〇一六年七月一三日）。

なにを今さら。

「天皇が国家の象徴などという言い分は、もう半世紀すれば、彼が現人神だという言い分と同じ程度、笑止千万で理の通らぬたわごとだということになる、というより問題にもされなくなる、と僕は信じる」「皇室は無責任極まるものだし、日本になんの役にも立たなかった」「ぼくは天皇を最後に守るべきものと思ってないんでね」

偉そうなことは過去の不敬発言を撤回してから言えっつーの。

なにかと話題の日本会議。議長の田久保忠衛が会見で安倍をヨイショしていた（二〇一六年七月一三日）。

田久保曰く「九〇年から九一年の湾岸戦争をご存じでしょう。日本は一三〇億ドル出しただけで、何も動かなかった。どこからも感謝されませんでした」。猫も杓子も使ってきたこのフレーズ、これまで何回聞いたことか。しかし、二〇年以上、同じ話を繰り返しているこの手の連中もすごい。そんなに外国に感謝してほしいんですかね。

ただし、次の認識は正しい。

「日本が危険な、きわめて好戦的な状態にあって、そこでナショナリストである安倍さんが登場したという報道がありますけれども、私はそうは思わない。現実に安倍さんがナショナリスト的な政策をやったとは聞いていません」

「国境や国籍にこだわる時代は過ぎ去った」と言う安倍がナショナリストであるわけがない。安倍は保守ではなく単なるグローバリストだろう。

冷戦の終結から湾岸戦争あたりで思考停止している自称保守が、アメリカの特殊な保守観を輸入して悦に入っているうちに、何がなんだかわからなくなり、安倍みたいなものを支持してしまうという構図が無残。これは冷戦後の左翼の混乱と軌を一にしている。

参院選で憲法改正に前向きな勢力が発議に必要な三分の二を超えた。しかし、自民党の中にも安倍に改憲させたら危ないと感じる人は少なくないようだ。

元首相の福田康夫は、講演で「(改憲という拙速な)結論を出そうと考えないほうがいい。議論はしたほうがいいが、世界の秩序が不安定化しているときに、日本もガタガタすることはない」と発言(二〇一六年七月一三日)。

谷垣禎一も選挙結果について「改憲支持との受け止めは困難」との認識を示している。そもそも、二〇一二年に自民党が出した憲法改正草案は完全にパチモン。谷垣は草案は野党時代に作られたもので、「与党ですと、もう少し実現可能性を考えた」「少しエッジを利かせて問題提起した」と弁解している（二〇一六年二月二六日）。こんな無責任な話はない。歴代首相の多くや、亀井静香、山崎拓、古賀誠、野中広務といったかつての自民党の重鎮も、安倍の暴走を阻止しないとまずいと思っている。ここを野党共闘にうまくつなげるべきではないか。

二〇一六年七月二二日に配信が始まったスマートフォン向けのゲームアプリ「ポケモンGO」が問題になっている。車や自転車の運転中に事故を起こすケースが多発。首相官邸や国会議事堂内でもポケモンが発見されたそうな。妖怪やパチモンなら山ほどいそうだけどね。

始まる前からゲームオーバー

ロンドンとパリに一〇日間ほど行ってきた。東京に戻ってきた日に近所の鮨屋に行ったが、別に日本食が恋しくなったわけではない。外国帰りによくありがちなのは、「やっぱり日本が一番」という感想だ。「イギリスは食事がまずい」「フランス料理は冷めている」などと言いながら、自国の文化を礼讃する。三島由紀夫は、これを「お茶漬ナショナリズム」と揶揄した。そんなものは西欧に対する劣等感の裏返しにすぎないと。

私の場合、逆だった。ロンドン、パリ、素晴らしい!

ロンドンは石やレンガの建物のイメージがあるが、昔は木造が多く、一六六六年のロンドン大火で市内はほとんど燃えてしまった。しかし、古い建物も残っていて、日本でいうと鎌倉、室町時代あたりの建物が普通に街に溶け込んでいる。東京は出自不明な感覚の近代的な商業ビルばかりで汚い。歴史観もそのあたりで変わってくるのだろう。

ロンドンで、夜、酔っぱらって外を歩いていると、宿泊先のホテルのすぐ横にある小さな公園にパトカーが集結していた。私と同じホテルに滞在していたアメリカ人観光客がキチガイに刺されて死んだらしい。次の日、地下鉄の入り口で号外が配られていた。

パリの空気はもっと不穏だった。

ロンドンのセント・パンクラス駅からユーロスターに乗ってパリの北駅に着いたが、駅内の両替商で余ったポンドをユーロに替えているときに、小銭入れを盗まれた。ほんの一瞬。小銭は全部出した後で、安物の財布なので実害はなかったが。少し離れた場所で黒人の青年がこちらを見ていた。あまりに見事な技だったので、少しくらい小銭を入れといてやればよかった。

パリの道案内の標識は読みづらい。街を歩いていても英語の表記はほとんどないし、住民は愛想がない。放送では英語の使用が厳しく制限されている。文明国だね。だいたい、外国人の観光客がわが物顔で歩くことができる街なんて面白くないに決まっている。ビジネスフレンドリーな都市なんて真っ平だ。

日本は街中に英語があふれている。それどころか、小学校の英語の授業の枠を増やしていくという。国全体が発狂しているよ。

ＳＭＡＰ解散の余波

ＳＭＡＰが一二月三一日をもって解散すると発表（二〇一六年八月一四日）。これを受け、代表曲「世界に一つだけの花」の購買運動がファンの間で発生。アマゾンの音楽ランキングで、同曲が二位に浮上した。ＳＮＳやツイッターなどで売上三〇〇万枚を達成させようと声が上がったそうだが、世の中、騒ぎすぎだよね。四、五〇近くになって、髪の毛も薄くなってきたのに、いつまでもアイドルとか変でしょう。だから、アイドルも定年制を導入すれば、変なシコリがなくなっていいのではないか。三〇歳になったら自動的に解散とか。そうなると次は「嵐」か。

民進党代表選（二〇一六年九月二日告示、同一五日投開票）に、蓮舫と前原誠司、玉木雄一郎が立候補。蓮舫は党内の各勢力に配慮して、憲法審査会での議論に「積極的に参加する」と媚を売ったり、岡田克也を遠まわしに批判してみせたり。

どうせなら、ＳＭＡＰ解散騒動を利用して、「世界に一つだけの花」を代表選のテーマソングにすればよかった。「Ｎｏ・１にならなくてもいい♪」。二位じゃダメなんですかって。

一九九六年五月にSMAPを脱退したオートレーサーの森且行が、広報を通じてコメントを発表（二〇一六年八月一四日）。

「この度のSMAP解散報道の件については、私自身も今朝初めて知ったことですので、コメントは差し控えさせていただきます」

コメントを差し控えるというコメントはよくわからないが、森の近影は若々しかった。SMAPのメンバーは、皆、疲れた顔をしていたが、好きなことをやっているやつは老けないのかもしれない。その後、森が女房と別居し、不倫同棲生活をしていることが発覚。好き勝手やっていると老けないのだろう。


SMAP解散に間抜けな余波。

大阪市内で行われた野外ライブ「風のハミング」にゲスト出演した槇原敬之が、「世界に一つだけの花」の継承者に名乗りを上げた（二〇一六年八月二〇日）。槇原の曲なのだから継承者もなにもないのだが、同じステージにいたKANが「SMAPが解散しちゃったら、この歌を受け継いでいくのは僕らしかいないよね」と発言し、槇原が「そうなんですよね。僕らしかいないんですよ」と応えたとのこと。とりあえず、KANはなんの関係もないだろ（怒）。

一方、SMAPに「夜空ノムコウ」を提供したスガシカオは、都内で開催された音楽イベントで、「いつも自分の曲でもあるのに、SMAPさんのカバーをさせてもらいますと言ってました」「自分的には封印しようなんて思ってます」と発言（二〇一六年八月二〇日）。「夜空ノムコウ」はいい曲だね。

〽あのころの未来に
ぼくらは立っているのかなぁ…
全てが思うほど
うまくはいかないみたいだ

オリンピックのバカ騒動

安全保障関連法や憲法改正への反対運動を展開した学生団体「SEALDs」も解散（二〇一六年八月一五日）。これは賢明な判断だね。すっきりしていていい。

世間はリオデジャネイロ五輪で大騒ぎ。私はテレビを持っていないので見ていないし、興味もない。ただ、サッカー男子ナイジェリア代表のチームが給与未払いで揉めていた件は気になった。サムソン・シアシア監督は、同国代表の選手たちがデンマークとの準々決勝をボイコットする可能性を示唆（二〇一六年八月一二日）。「ここまで一一日間分の給与しか支払われていない。試合に対するボーナスもない。われわれが母国や米アトランタで積んできた練習は何のためなのか？」と語っていた。また、自分の給料が未払いであることも明かし、「われわれはスポーツ庁、ナイジェリアサッカー連盟（NFF）など、すべての方向からひどい扱いを受けてきた。これが自国の選手に対する扱いなのか？　われわれはストリートチルドレンではない」と発言。

結局、ナイジェリアは試合に出て、デンマークを撃破したが、未払いは本当によくない。私は以前某新聞で二年間覆面書評をやっていたが、一年目に三回の未払いがあった。そのときの担当は中村さんというまともな人で、それを伝えるとすぐに原稿料が振り込まれた。その翌年、担当が代わり、やはり三回の未払いがあった。二四回中六回の未払いってありえないだろ。しかも、それをメールで伝えても返事がこない。結局数カ月後に連絡が取れたが、回答は「全部振り込んであります」。

えっ？

あまりにも意味不明なので「ボランティアではない」と言って辞めた（その後、新聞社の経理のミスが発覚）。某出版社の女に、原稿料未払いのまま、半年くらい居留守を使われたこともあった。埒《らち》が明かないので、出版社に電話して「編集長に代わってくれ」というと、まずいと思ったのか急にメールで連絡を取ってきた。われわれはストリートチルドレンではない。

リオデジャネイロ五輪の閉会式に「スーパーマリオブラザーズ」のマリオの衣装を着た安倍晋三が登場。二〇二〇年東京五輪のアピールを行った。「ドラえもん」が用意した土管を通って東京からリオに登場するという演出で、マラカナン競技場の土管の上に現れた。これを考えたのが森喜朗。今回のオリンピックでは多くのメダルを獲得したが、有終の美は飾れなかったようだ。

東京オリンピックの招致については、安倍は以前にもデタラメな発言を連発。

「ほかの、どんな競技場とも似ていない真新しいスタジアムから、確かな財源措置に至るまで、二〇二〇年東京大会は、その確実な実行が、確証されたものになります」（二〇一三年九月七日）。

「確かな財源措置」って、当初の予算（七三〇〇億円程度）の何倍になったんでしたっけ？

二兆円から三兆円？

新国立競技場建設案の白紙撤回に関しては、六八億六〇〇〇万円が未回収に。いろんな意味でゲームオーバーですね。

ネトウヨ政権

日本政府は韓国政府が元慰安婦を支援するために設立した「和解・癒やし財団」に一〇億円を拠出する手続きに入ると決めた（二〇一六年八月一二日）。

日本側は一九六五年の日韓請求権協定を踏まえ「賠償金」と受け取られないようにしたいとの意向を示していたが、そんな話が通用するはずもない。財団の金兌玄理事長は、早速「日本側が拠出する一〇億円は実質的には賠償の性格を持つものだ」との認識を示した（二〇一六年八月一三日）。ソウルの日本大使館前に設置されている慰安婦を象徴する少女像の移転についても、放置されたままだ。

こうなることは二〇一五年暮れの日韓合意のときからわかっていた。河野談話からして、自民党と韓国政府の合作ではないか。時の政権の都合で、歴史問題を軽々しく扱うべきではない。

防衛相の稲田朋美が、アフリカ北東部のジブチを訪問、自衛隊の派遣部隊を視察した（二〇一六年八月一三～一六日）。茶番。稲田は初当選以降、八月一五日に靖国神社を参拝していたが、中国も韓国もアメリカも閣僚の参拝に懸念を示していた。中国は閣僚が参拝するたびに外交ルートで抗議してきたが、今回は事前に申し入れをしている。だからといって参拝しないと、稲田の支持基盤のネトウヨや自称保守が離れていく。そこで、中国様や韓国様、ネトウヨ様の意向に配慮し、当日は国内にいないことにしたと。

で、出発当日成田空港に現れた稲田の服装はひどかった。高校生がかぶるようなキャップに、派手なサングラスをかけ、ウキウキのバカンス気分。政治家以前に、還暦近い♀の装いとして完全にNG。その後も、横須賀市の海上自衛隊基地を視察した際、艦内をハイヒールで歩き回り、自衛官から顰蹙を買った（二〇一六年八月二三日）。入閣予備軍をすっ飛ばして、わけのわかんないオバハンを防衛相にした報いは、意外と早めに顕在化したようだ。

なお、安倍も例年通り靖国参拝を見送った。それでいい。あんなデタラメな連中に参拝されても英霊はいい迷惑だろう。

日本政府は、尖閣諸島周辺で挑発行動をエスカレートさせている中国海警局の公船や漁船の動向をまとめた資料を公表した（二〇一六年八月九日）。

再三の抗議にもかかわらず、領海侵入は繰り返され、一部の公船には「砲らしきもの」が装備されていたという。

面白かったのが、産経新聞（二〇一六年八月九日）の記事。

「日本政府は9日、再三の抗議を無視する形で、尖閣諸島（沖縄県石垣市）周辺で領海侵入を繰り返す中国側に対し、抗議のレベルを上げるとともに、〝非礼〟で遇することで無言の怒りをぶつけた。

9日午前、外務省の一室に通された中国の程永華駐日大使は、報道陣の目にさらされたまま、8分間も待たされた。

『おはようございます』

岸田文雄外相は、立って迎えた程氏に遅参をわびることなく、目も合わさずに着席を促した。外務省の杉山晋輔事務次官らの度重なる抗議にもかかわらず、あからさまな主権侵害を続ける中国への不満を最大限伝えるため、わざと〝外交非礼〟を演じたのは明らかだった」

女の子かよ。「私の気持ちをわかってよ。ぷんぷん」みたいな。そもそも気持ちを忖度してくれるような相手ではない。

「黙っていたらわかんないだろ」

「……」

「機嫌直せよ」

「じゃあ、キスして」

みたいな展開を期待していたんですかね。アホですね。

鍵はシチリアにあり

二〇一六年七月の参院選沖縄選挙区で落選した前沖縄及び北方対策担当相の島尻安伊子を、沖縄問題などに助言する大臣補佐官にする人事案を閣議決定(二〇一六年八月二四日)。北方担当なのに、「歯舞」を読めなかったオバハンでしょ。不適切な人間だと国民に判断されたから、選挙で落とされたわけで。こんなことをやっているから、中国にナメられるんだよ。

「おおさか維新の会」が党名を「日本維新の会」に戻した(二〇一六年八月二三日)。全国的に支持を広げるのが目的だという。

それなら、これまでの「おおさかは、地域の名前じゃない。大阪でやっている改革の象徴だ」とか「サッポロビールは札幌だけで売っているビールじゃない。全国で飲まれている」という説明は何だったのか?

オウム真理教がアレフに名称を変えようが、危険な集団であることに変わりはない。維新の会の犯罪は数えきれないほどあるが、今度は業務上横領容疑で維新の会が選んだ元「公募校長」が逮捕された(二〇一六年八月一六日)。明治維新になんの思い入れもないが、「維新」という言葉をここまで穢した功績はすごいよね。

安倍と小池百合子が首相官邸で会談（二〇一六年八月四日）。二〇二〇年東京五輪・パラリンピックの成功に向け連携していくことで一致したそうな。

小池は党方針に従わず都知事選に立候補し、都連を敵に回して圧勝。当然、都連は小池の除名処分を望んでいるが、安倍がハシゴを外したわけだ。小池が新党をつくるのを警戒するというのが表向きの理由だろうが、新党をつくりたいやつは、どちらにせよつくる。反党行為を処分できなければ、組織は崩壊する。

安倍は東京都内で橋下徹と会食（二〇一六年七月三〇日）。菅義偉と松井一郎、馬場伸幸も同席し憲法改正について意見を交わしたそうな。自民党大阪府連の動きを妨害し、いかがわしい集団を増長させてきたのが安倍と菅。自民党は反党行為で二人を除名すべきだ。

天皇陛下が「象徴としてのお務め」について、お気持ちをビデオメッセージの形で国民に向けて発表された（二〇一六年八月八日）。

陛下は、憲法を順守する立場から現行の皇室制度には具体的に触れず、「生前退位」という文言は避けつつも、その意向を強く示唆された。

「次第に進む身体の衰えを考慮する時、これまでのように、全身全霊をもって象徴の務めを果たしていくことが、難しくなるのではないかと案じています」

お言葉を受け政府は、有識者会議を設置し、皇室典範の見直しを含めた検討に着手するという。で、有識者って何？

安倍周辺の「お友達」が、おかしな判断をしないように、引き続き注視すべきだろう。

佐賀広域消防局は、佐賀消防署の副士長が約七〇〇〇万円の賃貸収入を得ていたことを問題視。六カ月以内に賃貸収入を人事院規則に沿って減らすよう指示したが、副士長はこれに従わず、結局、懲戒免職処分に（二〇一六年八月三一日）。

兼業を原則禁止する地方公務員法に違反したというが、遊んで暮らせるだけの収入があるのに、地域のために消防士をやっていたのだから立派ではないか。むしろ褒めたほうがいい。

複数の市議が「市民が納得のいく形で迅速な対処を」と注文したとのことだが、「市民が納得」って何？

マーリンズのイチローがメジャー史上三〇人目の三〇〇〇安打を達成（二〇一六年八月八日）。一六シーズンでの到達は史上最速タイ。野球は嫌いだけど、イチローは素晴らしい。

米大統領選の共和党候補ドナルド・トランプが、「イスラム国（IS）」を創設したのはバラク・オバマ大統領だと発言（二〇一六年八月一〇日）。トランプは、ISは「オバマを称賛している」と指摘し、「そして共同創設者は、心の曲がったヒラリー・クリントンだと言っていいだろう」と付け加えた。これが本当なら、はっきりさせるべき。吠えるのは勝手だが、きちんと根拠を示せよ。

アメリカでマリファナを使用している成人が一三％に増え、この三年でほぼ倍増したという。マリファナの経験者は四三％。三〇歳未満の層では五人に一人が使用していた。アメリカでは連邦レベルでは違法とされているが、コロラド、オレゴン、アラスカ、ワシントンの四州とワシントンD.C.で嗜好用のマリファナが合法化されている。カリフォルニア、マサチューセッツ、メーン、アリゾナ、ネバダの五州では、二〇一六年一一月にマリファナ合法化の是非を問う住民投票が実施される。

日本では当分解禁されないだろうけど、自殺者は確実に減るのではないか。事故の増加などの危険性を指摘する人もいるが、「ポケモンGO」よりはマシだろう。

イタリア・シチリア島のキリスト教司教が、「ポケモンGO」を「悪魔的」なゲームと呼び、プレイヤーを「ウオーキング・デッド（歩く屍）」と批判した。

いいね。

「シチリアにこそすべてに対する鍵があるのだ」（ゲーテ『イタリア紀行』）

COLUMN

パラリンピック、そろそろやめたらどうか？

パラリンピック、そろそろやめたらどうか？

障害者を見世物にするのはやはりよくないと思う。不健全だし、不道徳だし、下種だし、卑劣だし、つまらないし、アホくさい。

なにかあれば「障害者差別だ！」と騒ぎ立てる世の中である。小人プロレスもテント小屋でフリークスを見世物にするのもNGになってきたのに、なぜパラリンピックは野放しになっているのか？

おそらく次のような反論が戻ってくるのだろう。

「障害者を見世物にしているのではない。頑張っている人を応援しているだけだ」

「障害を乗り越えてスポーツに励むことのなにが悪いのか。あまりに心の貧しい見方ではないか」

「彼らは立派なアスリートだ。障害者と一括りにするのは失礼だ」

一度、頭を冷やしたほうがいい。

「大衆は小さな嘘より大きな嘘の犠牲になりやすい」と言ったのは、オリンピックを国威発揚の場として利用したナチスのアドルフ・ヒトラーだ。

私はオリンピックに興味はないが、その存在意義は理解できる。泳ぐのが得意な人たちが集まってプールで競争する。そこで世界新記録が生まれるかもしれない。サッカーやバレーボールが得意な人たちが集まって、華麗なプレーを見せる。それを見て人々は感動する。莫大な利権が絡んでいるので、招致活動に熱心になる人たちの気持ちもわかる。

でも、パラリンピックは、スポーツをするのに支障がある人たちが集まるわけでしょう。義足の人が走ったり、車椅子に乗ってフェンシングをしたり。

聴覚障害の人が伝言リレーをやるのは変でしょう。

嗅覚障害の人がソムリエコンクールに出るのは変でしょう。

算数が苦手な人が数学オリンピックに出るのは変でしょう。

障害者をバカにしているのではない。

逆だ。

障害者をバカにするなという話です。

障害があるのに、あえて苦手なところを使って勝負させる必要はない。身体が悪いなら頭を使い、頭が悪いなら身体を使えばいいだけだ。スティーヴン・ホーキングに求められているのは理論物理学の研究でありカヌーを漕ぐ技術ではない。

そもそもパラリンピックは、パラプレジア（麻痺）とオリンピックを掛け合わせた言葉だ。第一回は一九六〇年のローマ大会。当時は「ストーク・マンデビル競技大会」と呼ばれていたが、一九八八年の第八回ソウル大会より正式名称が「パラリンピック」となった。

一九九八年の長野パラリンピックでは、クロスカントリースキー種目において初めて知的障害者の参加が認められる。しかし、二〇〇〇年のシドニー大会において、男子バスケットボール知的障害クラスで金メダルを取ったスペインチームに障害者を装った健常者がいたことが発覚し、二〇〇二年のソルトレイク大会では知的障害者の参加を認めないことになった。なお、二〇一二年のロンドン大会では、陸上・水泳・卓球の三種目に知的障害者が参加している。

ここまでくると、ほとんど意味がわからない。知的障害だけで身体障害がないならオリンピックに出ればいいのに。結局、頭の中がこんがらがっているのだ。

義足の技術の進化により、健常者の世界記録を抜く可能性もある。義足なら疲れないし、身体に機械を組み込めば、あらゆる種目で記録は更新されるだろう。

実際、ドイツのマルクス・レームは、カーボン繊維でできた義足を使い、二〇一五年の障害者陸上男子走り幅跳びで、八メートル四〇の記録を出している。これは、二〇〇八年の北京オリンピック、二〇一二年のロンドンオリンピックの優勝記録を上回っている。そのうち一〇〇メートルを三秒で走り、パワーリフティングで三トンを持ち上げる障害者も出てくるかもしれない。しかしそれを「記録」と呼べるのか？

「やさしい自分」

「パラリンピックの父」と呼ばれるルートヴィヒ・グットマンは、障害者競技は「記録」だけが目的ではないと言う。第二次大戦後、傷痍軍人の治療にあたったグットマンの時代にはこうした物言いも通用したのだろう。

しかし、今の時代に「記録は目的ではない」と言う人の「目的」とはなにか？

ここで連中の正体は暴露される。

結局、こういうことだ。

パラリンピックを消費するのは社会の大多数を占める健常者である。その中でも特に下劣な連中は、障害者が飛んだり跳ねたりする姿を見て感動する「やさしい自分」が好きなのだ。障害にもめげずに努力を重ねる姿を見て、明日を生きる勇気をもらったというわけである。ニーチェは「同情は特有の厚顔無恥ぶりを伴う」と言ったが、「麻痺」しているのは、こうした連中の感覚だ。

「障害」はカネになる。『五体不満足』の乙武洋匡、全盲のピアニスト辻井伸行、聴力を失ったフジ子・ヘミング、〝筆談ホステス〟の斉藤里恵……。彼らの仕事について「いい」「悪い」と言っているのではない。メディア、企業が障害をビジネスに利用している事実を指摘しているだけだ。

数年前に佐村河内守の事件があった。佐村河内は「交響曲第1番《HIROSHIMA》」を作曲した全聾の音楽家として脚光を浴びたが、ゴーストライターによる代作であることが発覚。障害も偽装だった。

問題が発覚した後、「騙された！」「CD代を返せ！」と騒ぎ立てた連中がいた。つまり、彼らは佐村河内の音楽を楽しんでいたのではなく、「現代のベートーヴェン」佐村河内の障害を「消費」していたのである。だから、自分が払った「同情」を返せとなるわけだ。

病んだ社会では病んだものが求められる。大衆は持病を自慢し、他人の障害を詮索する。連中はハイエナのように「かわいそうなもの」「不幸なもの」に接近する。優秀なビジネスマンである佐村河内はそれに気づいて、意識的に「商品」を作ったのだ。

パラリンピックの構図も同じだ。だからこそ、健常者が障害者を装って大会に出れば大騒ぎになる。

障害者の一部は気づいている。車椅子の障害者でコメディアンのステラ・ヤング（二〇一四年死去）は、自分は健常者に「感動を与えるための存在」ではないと言う。車椅子に乗って講演を始めれば、聴衆が期待するのは「感動」だとステラは指摘する。

「手が無い小さな女の子が口にペンをくわえて絵を描く姿」「カーボン・ファイバーの義肢で走る子供」……。こうしたイメージをステラは「感動ポルノ」と名付けた。ポルノも障害ビジネスも、人間をモノとして消費している面においては同じだと。もっとも、「善意」を隠れ蓑にしている分、後者のほうがタチが悪い。

ステラが言うように、障害者は健常者を感動させ、「自分の人生は最悪だけど下には下がいる」とやる気を起こさせるために利用される。

正気を取り戻すべきだ。

ルートヴィヒ・ヴァン・ベートーヴェンが偉大なのは全聾だからではない。

スティーヴィー・ワンダーが偉大なのは全盲だからではない。

フィンセント・ファン・ゴッホが偉大なのは耳を切り落としたからではない。

こうした「常識」が通用しない人間が、かなりの数存在するのが残念ながら今の世の中だ。一度、パラリンピックを見て感動する自分の顔を鏡に映してみたらどうか。

オリンピック憲章によれば、その目的は「人間の尊厳を保つ」ことだという。パラリンピックも同様の理念に基づき、早急に廃止すべきである。

第四章

安倍晋三の正体

「劇場型政治」が日本を滅ぼす

予想通りというか、案の定というか、小池百合子が壮大にやらかしましたね。築地市場から豊洲市場への移転問題。「盛り土」「地下水」がどうこうと散々騒いでいましたが、結局、専門家の検証により、安全性に問題がないというところで落ち着いたようだ。地下の「空洞」は安全対策のために作られたものであり、手抜き工事でもなんでもなかった。では、なぜ「汚染水」「閉鎖不可避」といった言葉が飛び交い、連日のようにテレビ、新聞、雑誌が騒ぎ立てたのか？

実はこれは目新しい現象ではなく、この二〇年の間、延々と繰り返されてきた「劇場型政治」にすぎない。よって事実関係は二の次の話。大衆が求めているのは、「改革者」が「悪の巣窟」に乗り込み、敵を倒すという紙芝居である。小泉純一郎の郵政改革も民主党の反官僚プロパガンダも、維新の会の「都構想」詐欺事件も、すべて同じ構図。

「都政大改革を進めていきたい。それが都知事に選ばれた最大の役目」（小池）などと訴え「悪」

をでっちあげ、自分は庶民の味方であるという構図を作り上げる。組織のトップなのに、問題が発生すると世論やメディアと一体になって、部下を徹底的に糾弾する。本来なら、頭を下げる側の人間であるにもかかわらず。「腐った都にメスを入れる」と胸を張り、社会に蔓延するルサンチマンや悪意を利用し、勢力を拡大する。

小池のシナリオを書いているのも、一連のいかがわしい連中。大阪「都構想」に手を染めた慶應義塾大教授の上山信一は都政改革本部の統括役に収まり、「減税日本」に近い青山学院大教授の小島敏郎もメンバーに。

上山は「情報公開で関心を引きながら、来年6月まで持ちこたえ、都議選で実質的な小池新党をつくる。新党の議員たちが議会で質問を始めたら、都庁はどんどん情報を提供し始めて、いいサイクルに入っていくだろう。これくらいの劇場型で小池さんが都政を運営していったら面白い」(『週刊新潮』二〇一六年九月一五日号)などと述べていた。東京が大阪の二の舞になる危険がある。

市場移転の話で一通り騒いだら、今度は東京五輪・パラリンピック会場設備費がどうこうと言い出した。スポーツ紙は〝小池劇場第二弾〟などと持て囃していたが、新しいトピックを次々と打ち出し、メディアの注目を集めるのも、橋下が大阪で使った手法と同じ。

小池は「全都庁の職員を粛正したい」とも発言。一瞬「粛清」と間違えてギョッとしたが、内容はそれほど変わらない。独善は人の命を奪いかねない。

科学と道徳

ＦＮＮが世論調査で、小池の働きぶりについて尋ねたところ、八六・三％が「評価する」と答え、「評価しない」は八％にすぎなかった。女性に限ると、九〇・一％が「評価する」と答えている。

また、築地市場の豊洲市場への移転を延期したことについては、「妥当と思う」が八八・二％、「妥当と思わない」は七・一％だった。

もちろん、素人が正確な判断を下すことは不可能だ。だったら、黙っていればいいのである。問題はワイドショーのコメンテーターや直接関係ない分野の専門家が訳知り顔で嘘やデマを流していたことだ。私は一連のバカ騒動を見て、科学哲学者マイケル・ポランニーの言葉を思い出した。

《通俗科学概念が教えるところによれば、科学は観察可能な事実の集積であり、しかもそれは誰でも自力で検証可能なものなのだという。私たちはそれが、たとえば病気の診断の場合のように、熟練した知識の場合には当てはまらないことをすでに見てきた。しかしそれはまた物理科学の場合にも当てはまらない。そもそも、一般人が、たとえば天文学や化学の記述を検証するための装置を手にするなど、とうていかなわぬ事なのだ》(『暗黙知の次元』)

よって、《一般人が科学的記述を受け入れる行為は、権威に基づいている。そしてそれは、ほとんど同じ程度において、自分の専門外の科学分野の成果を利用する科学者たちにも当てはまる。科学者たちは自らの発見した事実を裏付けるために、同業の科学者たちに大いに依存しなければならないのだ》(同前)。

つまり、こういうことになる。

科学を支えているのは「科学的な手法」を正当と看做す信念であり、それを持った「レフリー」が下す評価である。科学的発見も信頼や信仰といったバックボーンに支えられている。

道徳も同じである。

ポランニーは言う。

《道徳的発展(＝高次段階)が実現しうるのは、権力の行使によって機能し、物質的利益を目的とする、社会という媒体(＝低次段階)の範囲内のことにすぎないのだ。私たちは次の事実を受け入れねばなるまい。すなわち、いかなる道徳的進展も、まさにそれをもたらし得る唯一の存在たる、この社会というメカニズムの汚れにまみれざるを得ないということ。したがって社会に絶対的な道徳性を強要しようとする企ては、所詮は制御不能な暴力を生み出してしま

う空想にかまけることなのだ》（同前）

結局、社会が腐っているから、同じような騒動が何度も発生するのである。豊洲市場移転問題が明らかにしたのは、政治と言論の「空洞化」だった。

ちなみに、保守思想における最大の成果は、二〇世紀だったらポランニーだと思います。フリードリヒ・ハイエクはポランニーの影響を受けていますが、自由主義者なので保守主義の重要性を理解できなかった。わが国にはハイエクを保守主義者だと誤認しているバカも存在しますが、ハイエク本人がそれを明確に否定しており、その根拠こそが保守主義における「一般原則」の欠如だった。さしあたりオークショットのハイエク批判を貼っておけば十分でしょう。

《あらゆる計画に抵抗する計画というのは、その反対のものよりもましかもしれないが、結局、同じ政治のスタイルに属しているのである》（『政治における合理主義』）

このあたりの細かい事情は拙著『ミシマの警告　保守を偽装するB層の害毒』に書いてきました。なお、『ミシマの警告』をはじめ、『ゲーテの警告』『ニーチェの警鐘』など多くの本（八冊！）を一緒に作ってきた講談社第一事業局次長の原田隆氏が渡航先の香港で急死した。享年五八。脳内出血だったという。私が新しい企画について話すと「いい、いい。すごくいい。今すぐやりましょう」、タイトルを提案すると「いい、いい。すごくいい。それにしましょう」と。ほとんど私の好き勝手にやらせていただいたが、手抜きでも放任主義でもない。私の性格を見抜き、掌で踊らせていたのだと思う。偉大な編集者だった。

蓮舫のセミヌード

秋本治の『こちら葛飾区亀有公園前派出所』、通称『こち亀』が、最終回を迎えた（二〇一六年九月一七日発売号）。『週刊少年ジャンプ』を代表する人気マンガで、一九七六年にスタート。約四〇年にわたる長期連載になった。同日発売のコミックス二〇〇巻が最終巻に。終わるときはあっけないものだ。

最近、すぐに脱ぐ人が増えている。

リオデジャネイロ五輪レスリング男子では、判定に納得いかずパンツ一丁になったモンゴルのコーチがいた。選手がペナルティーを受け銅メダル獲得を逃したことに激怒。服を脱ぎ捨て、退場させられた。コーチは三年間の資格停止処分、モンゴルレスリング協会（ＭＷＦ）には五万スイスフラン（約五一五万円）の罰金が科された（二〇一六年九月二一日）。

こんなのもいた。近鉄の車掌が、近鉄奈良線東花園駅のホーム上で利用客と口論に。制服の上着や帽子を突然脱ぎ捨てて線路に入り、高架から飛び降り、約七メートル下の駅敷地内に転落、腰の骨を折った（二〇一六年九月二一日）。

民進党代表選挙で、蓮舫が六割近いポイントを獲得し党首に。二重国籍状態が判明して、急いで台湾籍を抜いた蓮舫だが、当初「一九八五年に日本国籍を取得した際に台湾籍を放棄した」と説明しており、発言は二転三転。

蓮舫も小池と同様の「劇場型」政治家だろう。職業的な偏見があるわけではないが、人前で水着姿やセミヌードになるのが商売だった人ですからね。

民進党の新執行部もロクでもない。野田佳彦が幹事長、安住淳と細野豪志が代表代行に座り、「お友達」が執行部を固めた。「新世代の民進党」と謳いながら、中身は「旧世代の民主党」。安倍政権が暴走を続けているのも、民進党が野党として機能していないからだ。「ダメな連中」という国民的コンセンサスが形成されてしまった以上、そこから脱皮できなければ未来はない。とりあえず、もう一回脱いでみたらどうか。

リオデジャネイロ・パラリンピックの自転車男子個人ロードレースで、死亡事故が発生した（二〇一六年九月一七日）。左足が義足のイランの選手が、下り坂の急カーブで転倒事故を起こし、コース脇のフェンスに激突。パラリンピックの競技中に選手が死亡したのは初めてとのこと。そろそろパラリンピックはやめてはどうか。障害があるのに、あえて苦手なところを使って勝負する必要はない。身体が悪いなら頭を使い、頭が悪いなら身体を使えばいいだけの話。障害を見世物にするのは不健全だ。

官房長官や自民党幹事長を歴任し、一時は首相候補と目された加藤紘一が肺炎で死去（二〇一六年九月九日）。享年七七。政界では死去を悼む声が相次いだが、アホなのが元首相の森喜朗。「外交が混乱している今のような時代にこそ、外交通として安倍晋三首相を支えてほしかった」

外交の混乱を危惧し安倍を批判してきた加藤が、今の政権を支えるわけがないではないか。ボケてんですかね？

思春期は残酷

これはちょっと笑ってしまった。

アメリカのシンクタンク「大西洋評議会」が安倍に「地球市民賞」を授与。おめでとうございます。世界が「グローバリスト」であることを認めたわけですね。私が昔から指摘しているように、安倍の正体は「地球市民」である。

ニューヨーク市内で行われた授与式（二〇一六年九月一九日）で安倍は「私がこの賞を受賞するのは日本人を代表してのものだ」と発言。一緒にするなよ。

安倍はニューヨークの講演（二〇一六年九月二一日）で、日本の高齢化や人口減少について「重荷ではなくボーナスだ」「日本の人口動態にまったく懸念を持っていない」などと意味不明な発言を連発。だったら、一連の少子化対策や移民政策の目的は何なのか。また、「日本の開放性を推進する」として、「一定の条件を満たせば世界最速級のスピードで永住権を獲得できる国になる。乞うご期待です」とアピール。さすがは「地球市民」ですね。

安倍はアメリカに対し、「ＴＰＰを批准してください。政治家が『自分が不利になるのではないか』という人に説明することが求められる」とも訴えている。この類の寓話を昔読んだことがあるな。隷属を求める家畜の話。

政府は、中国人が有効期間中に何度でも日本に入国できる「数次ビザ」の有効期間の延長や発給要件の緩和などを二〇一六年一〇月一七日から始めるという。

左翼の安倍批判で意味不明なのが、「安倍は危険なナショナリストだ。国家主義者だ」といったもの。国家主義者が「もはや国境や国籍にこだわる時代は過ぎ去りました」(二〇一三年九月二五日)などと言うわけがないでしょう。安倍がやっているのはシンプルな対米追従・売国路線。

日本人、そろそろ気づいたほうがいいよ。

安倍政権支持率が三カ月連続上昇し五六・六%に(二〇一六年九月一七日、一八日調査)。「一〇代・二〇代」に限ると、男性の七割以上、女性の六割台半ばが政権を支持しており、全体の支持率を押し上げていた。思春期は残酷なものですね。

こうした支持率を背景に、自民党は出しては引っ込めてきた配偶者控除の廃止の検討を始めた。要するに、実質的な増税であり、家族制度の解体。家庭を守る主婦を安価な労働力として社会に駆り立て、育児や家事を移民のメイドにやらせるという算段だ。かつての自民党は保守的な側面もあり、伝統的な家族制度の護持を唱えていたが、今は率先して破壊している。

昔の自民党と今の自民党は完全に別物。安倍信者はその程度の認識くらい持ちましょう。

産経新聞の劣化

「地球市民」を担ぐ「保守」というのがわが国には存在する。倒錯もここまでくると手の施しようがない。産経新聞なんて今はネトウヨの同人誌みたいになっていますが、朝日新聞よりタチが悪い。というか、報道機関としてどうなのか。

内閣府政務官の務台俊介が台風10号の豪雨被害に遭った岩手県岩泉町を視察（二〇一六年九月一日）した際、職員に背負われて水たまりを渡り、被災者への配慮に欠けていると批判を浴びた。

民進党の安住淳が「災害地に革靴を履いていく国会議員はいない」と批判したものの、二〇一六年四月に熊本地震の被災地を視察した岡田克也と枝野幸男が革靴で現地入りしていたことが発覚。産経は「民進・安住国対委員長にまさかのブーメラン」（二〇一六年九月一二日）など浮かれていたが、最近はこのパターンばかり。「緩む自民党に攻める民進党…ただ民進党には拍手・起立で〝ブーメラン〟も」（二〇一六年一〇月二日）、「民進党・前原誠司元外相が稲田朋美防衛相を追及もブーメラン」（二〇一六年一〇月三日）、「『僕ちゃん』批判に安倍首相激高／乱戦模様、前原氏には〝ブーメラン〟炸裂」（二〇一六年一〇月四日）。

「民主党だってやっていたあ」というわけだ。小学生かよ。

「夫婦別姓めぐり岡田氏がネチネチ追及」「民進・岡田代表　首相との議論は『徒労感』最後の記者会見で恨み節全開」といった見出しの付け方もそうだが、これではネトウヨのブロガーレベル。ここ数年の産経の壊れ方は尋常ではない。

安倍は国連総会で一般討論演説を行い、核実験や弾道ミサイル発射を繰り返す北朝鮮について「脅威はこれまでと異なる次元に達した。力を結集し、北朝鮮の計画をくじかなくてはならない」「人類の良心に対する挑戦だ」「人権を蹂躙し、権力に対する抑制と均衡が何一つ働かない国」と非難した（二〇一六年九月二一日）。

「権力に対する抑制と均衡が何一つ働かない国」は北朝鮮だけではない。自民党の党・政治制度改革実行本部は役員会で、党総裁任期延長の議論を開始（二〇一六年九月二〇日）。副総裁の高村正彦は、現在の党則で「連続2期6年」としている任期について「連続3期9年」に延長する私案を示した。異論は出ず、それどころか任期を区切らず多選制限を撤廃する無制限論まで出たそうな。

これに対し、産経新聞は「なぜ自民党総裁任期延長論に異を唱えながら共産党の長期体制は黙認するのか？」「3期9年務める首相が現れたとしても、国際社会では珍しくない」などと主張。

単に自民党の党則に従うかどうかの話であり、共産党も国際社会も何の関係もない。それとも「地球市民」はグローバル基準に従うべきなんですかね？

安倍は所信表明演説（二〇一六年九月二六日）で、北朝鮮の核実験問題を取り上げ、海上保安庁、警察、自衛隊の活躍に対し、「今この場所から、心からの敬意を表そうではありませんか」と呼び掛けた。すると、自民党議員らは一斉に立ち上がり一〇秒近く拍手を続けた。前例のない事態に野党は反発。民進党の細野豪志は「首相自身も拍手したのを見ると『この国の国会ではない』との錯覚を覚えた。立法府と行政府の緊張関係を考えたほうがいい」と批判（二〇一六年九月三〇日）。すると安倍は、「私がスタンディングオベーションをしてくれと一言も言っていない」「どうしてこれがことさら問題なのか私はよく理解ができないわけでありります」と逆ギレ。

同日の党役員連絡会で高村は「スタンディングオベーションをすると叱られるというのは、グローバルスタンダードに合っているのか」だって。なお、自民党は議員の起立を「自主的なもの」と説明したが嘘だった。報道によると、官房副長官の萩生田光一が事前に指示を出していたようだ。

鶴保庸介沖縄及び北方対策担当相が、制限速度を四〇キロ超える暴走運転で書類送検されていた。

政権の暴走の背景には道徳の機能不全がある。ポランニーが指摘するように、権力の行使もまた「この社会というメカニズムの汚れにまみれざるを得ない」のである。

東京の「橋下化」が止まらない

考えてみれば当たり前の話だが、「自分がよいと思うもの」、あるいは「歴史的な価値基準に照らし合わせて優れているもの」が売れるのではない。「世の中の大多数の人間がよいと思うもの」が売れるのである。

そこを間違えると、定年退職したオッサンが居酒屋を始め、借金を背負ったりする。彼はサラリーマン時代に経費で飲み歩いた経験を活かし、酒を厳選し、つまみを研究し、酒器にこだわり、「これなら間違いない」と確信して店を開く。そして見事に客は来ず、半年後には店を閉めることになる。私の家の近所にも、たぶんそういうことなんだろうなという店が数軒あった。おでん割烹は半年で潰れたし、路地の日本酒バーも知らないうちになくなっていた。

街を歩くとよくわかる。客が入っている店は、まずいコーヒーのチェーン店であり、換気扇から悪臭が吹き出てくるラーメン屋であり、できたら食べたくないファストフードである。

大衆社会においては、大衆の琴線に触れるものだけが売れる。書籍も映画も音楽も同じ。世の中の大多数の人間の下世話な部分に訴えかければ、それなりの支持は集まる。問題はこの理屈を政治に適用していいかどうかだ。

例のバカ息子が、また変なことを言い出した。二〇一六年九月二九日、自民党本部で農業改革に関する会合が開かれ、ＪＡグループの幹部や関係者、農業者から、資材価格引き下げに関するヒアリングが行われた。農家が農産物を出荷する際にＪＡに支払う手数料について、農事組合側は「値下げすべきではないか」と指摘。ＪＡ側は「手数料は（ＪＡの）従業員や家族を養う財源で、簡単に切るのは賛成できない」と反論。ここまではいい。当然それぞれの立場があるからだ。

しかし、農林部会長の小泉進次郎が鼻息を荒くし、「手数料で食っているのがＪＡグループという意識があるなら、それは問題だ」「手数料があるから農協職員が食べていけるというなら、農家は農協職員を食わせるために、農業をやっているのかということになる」などとまくし立てたのは、恥ずかしかった。

ＪＡに手数料を払いたくないなら、加入しなければいいだけの話。何を言っているのかさっぱりわからない。それ以前に、手数料を否定するなら、あらゆる組織が成り立たなくなる。

要するに「改革に後ろ向きな利権集団」vs「農業の構造改革を断行するオレ」という構図をつくりたかっただけでしょう。会合にはメディアが集まっていたので、いつもの猿芝居を打ったと。

小池百合子も相変わらず。今度は「全都民から都職員不正〝チクリ〟募る」だって。小池は都民から都職員の法令違反の通報を受け付ける新制度を導入。これは、都政改革本部の情報公開調査チームが仕掛けたものだが、東京の橋下化が止まらない。小池が主宰する政治塾「希望の塾」の開講式には二九〇〇人超が集まった（二〇一六年一〇月三〇日）。受講費用は男性五万円、女性四万円、学生三万円。荒稼ぎしたカネは、新党結成などに使われるのだろう。これも橋下らの「維新政治塾」の手口と同じ。東京のおばかさんたちは、いつ気づくのだろうか？

七人の小人

自民党東京都連は、二〇一六年七月の都知事選で党の方針に反して小池を支援した区議七人に対し、「離党しなければ除名する」との勧告処分を先送りすると決定（二〇一六年一〇月三〇日）。

ヘタレだね。衆院補選の東京一〇区で小池が支援した若狭勝が勝利（二〇一六年一〇月二三日）したこともあり、小池を利用したい官邸が動いたのだろうけど、連中も焼きが回ってきましたね。ところで、この件に関し「七人の侍」と騒ぎ立てていたメディアがあったけど、頭がおかしいんじゃないの。侍って卑劣漢か？

せいぜい「七人の小人」だろう。

石原慎太郎がテレビ番組の取材を受け（二〇一六年一〇月五日）、豊洲市場問題でやりあった小池との面会について「もう会いませんね。会うこともないんじゃないですか。何にもわかんないっていうことがわかってるんだから」と発言。耄碌しているとはいえ、石原は天性のポピュリストである。「ふわっとした民意」で飯を食ってきただけあって、まだ勘を残している。今、表に出たら、空気に殺られると。

豊洲市場への移転延期で、当面の使用が続く築地市場の老朽化対策が始まった。都によると補修対策予算は年間で約二億円。二〇一七年度も同額程度の補修予算が計上される見通しだという。小池騒動のツケを払ったのは都民というオチ。

ニーチェ、オルテガ、ブルクハルト、ル・ボン、シュペングラー……。一九世紀の後半あたりから、数多くの大衆社会論が書かれてきたが、その指摘はほとんど正しかったと思う。

全体主義は大衆の熱狂の中で、既成組織を解体しながら拡大していく。政党は地域に密着した住民の声をすくいとるシステムを放棄し、怪しげな「世論」を重視する。自民党が農協などの中間共同体に攻撃を仕掛けたり、移民政策や配偶者控除の廃止の検討により家族制度の解体を図ろうとするのも支持基盤が変質してしまったからですね。『安倍でもわかる政治思想入門』（KKベストセラーズ）でも検証しましたが、安倍は巷で誤解されているような「保守」ではなく、きわめて危険な極左グローバリストであることは明らかだと思われます。

民主党政権の三年間で国が疲弊したところに、安倍政権が誕生した。国難とはこういうことです。問題は民主党政権時代と違い、メディアが腐り果てていること。要するに、まじめではない。こうした社会では密告が奨励され、「粛正」（二〇一六年九月一〇日、小池発言）が行われる。大衆はウソ、デマ、プロパガンダに不感症になり、生贄の公開処刑に喝采を送る。悪性のニヒリズムが現在わが国に蔓延している。

自民党が急速に劣化して、一番あせったのは左翼かもしれない。五五年体制下においては、自民党が機能していたので、左翼は安心して花畑で暮らすことができた。もちろん、自民党と社会党は裏で密接につながっていた。役割分担である。しかし大衆社会化の進展と政治制度改革の影響で自民党は正気を失い、急進的な改革路線に舵を切った。

そこで、旧左翼は野党として「保守」の役割を担わなくてはならなくなったのだろう。共産党委員長の志位和夫は、環太平洋戦略的経済連携協定（TPP）交渉が大筋合意したことについて「日本の国民の利益と経済主権をアメリカや多国籍企業に売り渡すものであり、断じて容認できない」との談話を発表（二〇一六年一〇月五日）。その上で「重要品目の『聖域を守る』とした公約を安倍政権が公然と投げ出した」と批判し、TPP協定書の作成作業からの撤退と調印中止を求めた。

また、志位は官房長官の菅義偉と会談（二〇一六年一〇月一八日）。ロシアとの北方領土交渉において、千島列島の全面返還を求めることを要請。歯舞群島と色丹島の「二島先行返還」が実現した場合でも平和条約を締結するべきではないとした。

偽りを述べる者

社民党の福島瑞穂は稲田朋美防衛相の過去の発言を国会で取り上げ、「信念を貫きなさい」

と変節ぶりを批判（二〇一六年一〇月一三日）。稲田は「ＴＰＰバスの終着点は、日本文明の墓場」「（ＴＰＰ受け入れは）日本が日本でなくなること、日本が目指すべき理想を放棄することにほかならない」（「産経新聞」二〇一一年一一月七日）、「このＴＰＰはアメリカのためにあるんです」（衆議院経済産業委員会 二〇一一年四月一三日）、「ＴＰＰは日本をアメリカの価値観で染めるということですから。そんなことをしているうちに、日本はつぶれてしまいますよ」（『ＷｉＬＬ』二〇一二年一月号）などと発言していた。

民進党の辻元清美は、稲田が二〇一六年八月一五日の全国戦没者追悼式に出席しなかったことを問題視し、「あなたは『自国のために命をささげた方に感謝の心を表すことのできない国家であっては防衛は成り立ちません』と言っている。言行不一致ではないか」と迫った。当日稲田はアフリカのジブチを訪問。靖国神社参拝を懸念する中国や韓国に配慮したと思われる。稲田は目に涙を浮かべ、「指摘は指摘として受け止めたい」と弱々しく返答。

自民党よりはるかに保守的なのが共産党や社民党という客観的事実の山。

農水相の山本有二がＴＰＰ法案の強行採決に言及し（二〇一六年一〇月一八日）、野党は反発。山本は電話で菅に注意されたが、その後さらに「冗談を言ったらクビになりそうになった」と発言（二〇一六年一一月一日）。

ＴＰＰ特別委の福井照が強行採決に言及した件については安倍が「わが党においては（一九五五年の）結党以来、強行採決をしようと考えたことはない」（二〇一六年一〇月一七日）と答弁。二〇一五年九月に安全保障関連法案の審議で強行採決したばかりではないか。完全に壊れている。

「日本の伝統なんて幻想にすぎず、グローバリズムが既定路線である以上、そこで生きぬく道を探るしかない」「さもなければ日本は落ちていくだけだ」というのもこの二〇年蔓延った幻想だよね。

天皇陛下の叔父にあたる三笠宮崇仁親王殿下が薨去された（二〇一六年一〇月二七日）。享年一〇〇。安倍は訃報を受け、「慎んで心から哀悼の意を表します」と謹話を発表。「慎んで」は「控えめに」という意味。「謹んで」が正しいと、毎日新聞の校閲グループからツッこまれていた。不見識というより不敬である。三笠宮崇仁親王は「偽りを述べる者が愛国者とたたえられ、真実を語る者が売国奴と罵られた世の中を私は経験してきた」（『日本のあけぼの　建国と紀元をめぐって』）とおっしゃっていた。今の時代もそうだ。

科学技術に関する国際会議で安倍は「科学と技術が、社会を『どう変えるだろうか』などと問うている場合ではなく、科学・技術は、なんとしても、世の中を変えなくてはならない」「新しいアイデア、イノベーションが、女性の脳細胞から現れる」などと意味不明の発言を連発（二〇一六年一〇月二日）。「腸の中を見てくれるロボットがあったらいい」とも言っていたが、頭の中を見てもらったほうがいい。

ノーベル医学・生理学賞に決まった東京工業大の大隅良典栄誉教授が記者会見で「科学が『役に立つ』という言葉が社会を駄目にしている」と発言（二〇一六年一〇月三日）。これ、痛烈な安倍批判、教育行政批判ですね。

運動会をもう一回やれ

ノーベル文学賞に決まったのはアメリカの歌手ボブ・ディラン。当初沈黙を続けていたので、頓珍漢な憶測が飛び交った。曰く「ディランは反戦歌手だから、ダイナマイトを作ったノーベルの賞を受け取らないのではないか」などと。私はラジオ番組で「ディランは反戦歌だけの人ではないし、適当な人だから特に何も考えていないはずだ」と指摘しておいたが、実際そうだったみたい。その後ディランは「この栄誉に感謝します」と選考委員会に連絡している。ラジオ番組では「ディランと連絡がつかず居場所がわからない」という話も振られたので「携帯電話持ってないんじゃないですか」と答えたが「風が知っているんじゃないですか」と答えればよかったと後から反省。

ジャリタレと不倫や未成年飲酒騒動を起こした男の所属するバンドが活動自粛に。これについてタレントの内山麿我という人が、「日本まじ小さい」というタイトルでブログを書いていた（二〇一六年一〇月一三日）。「なんで自粛すんだろ？　しなくていいのに」「アーティストは道徳者じゃないし一般人の模範になるために歌ってないだろうに」「はーあ、こういう世の中本当に嫌い」「人のことあーだこーだ言う前に自分の事やりゃあいいのに、暇人ばっか」。これは本当にそうですね。ジャリタレが乳繰り合おうが知ったことではない。

橋下徹がまた敗訴。橋下の出自などを取り上げた『新潮45』の記事で名誉を傷つけられたとして、新潮社とノンフィクション作家を訴えていたが、高裁は記事の公益性を認めた一審大阪地裁判決を支持（二〇一六年一〇月二七日）。裁判長は「反社会的勢力と政治家との関係の有無は、政治家の適性判断に資する事実だ」とし、記事の真実性も認めた。当然の判決。言論に圧力をかける連中の正体をメディアはきちんと報じるべき。

維新の会の犯罪が頻発している。兵庫県議会の会派「維新の会」の樽谷彰人は、市議時代の備品を返却しなかったことにより副幹事長を辞職（二〇一六年一〇月二六日）。橋下が始めた公募校長の一期生である大久保達巳は、職歴を詐称し私文書偽造・同行使の疑いで書類送検（二〇一六年一〇月二一日）。PTA会費を校外へ持ち出したり、飲食業者から預かったカネを着服したり、知人二人からカネを騙し取ったりもしていた。元大阪維新の会の池田市議羽田達也は、運営していた整骨院で療養費をだまし取り詐欺容疑で逮捕（二〇一六年一〇月六日）。二年半で六〇〇回以上施術と申請していたという。相変わらずの維新クオリティ。そろそろ、本部を捜索したほうが。

で、このゴミ集団を立ち上げた例のアレがこんなことを。『橋下×羽鳥の番組』（二〇一六年九月一九日放送）で、橋下は外国人政治家の招聘を提案。「国籍関係ないでしょ」「有権者の意思で、有能な外国人を選んでもいいじゃないか」「政治家は、最後は有権者が『選ぶ』か『落とす』か決められるから、もう極端なことを言えば外国籍でもいい」。この先、どこの国から政治家を招聘するつもりなのか。ちなみに橋下は「竹島は（韓国と）共同管理すべき」「日本国民と握手できるかわからない」などと述べている人物である。

暴力行為等処罰法違反の容疑で、茨城県日立市の無職生天目利明と妻の由貴子が逮捕された（二〇一六年一〇月四日）。子供が通う学校の校長と教員に、包丁を突き付け「運動会をもう一回やれ」と脅迫したという。「住民投票をもう一回やれ」と騒いでいる大阪の人々もいるみたいですが。

菅義偉、稲田朋美、高市早苗らが、政治資金集めのパーティー券代として白紙領収書を受け取り、自らの事務所で記入していたことが発覚。連中は事実を認めたものの、その後、完全に開き直った。菅は「政治資金規正法上、政治団体が徴収する領収書に際して発行者側の作成法についての規定はなく、問題ない」と答弁。白紙領収書のやり取りは政界で慣例化しており、疑惑を追及していた共産党内でも不祥事が発生。大阪府議会議員の杉原亮は、自筆の領収書を使って政務活動費を受け取り、議員辞職に追い込まれた（二〇一六年一〇月二六日）。当然。菅も稲田も高市も議員辞職して範を示すべきだ。

しかし稲田は相当ダメだね。安倍も任命責任を問われるからクビにできないのだろうが、言っていることも支離滅裂。南スーダンでは死傷者が出ているのに「比較的落ち着いている」との認識を表明。若者全員を対象にした自衛隊体験制度をやれば、「『草食系』といわれる今の男子たちも背筋がビシッとするかもしれませんね」（『正論』二〇一一年三月号）などと述べていたことが国会で問題になったが、自衛隊はお子様の教育機関ではない。これは自衛隊に対する侮辱だろう。

稲田は『サンデー毎日』を名誉毀損で訴えていたが二審でも敗訴（二〇一六年一〇月一二日）。同誌は「安倍とシンパ議員が紡ぐ極右在特会との蜜月」という記事で、稲田の資金管理団体が在特会（在日特権を許さない市民の会）に近い人物らから寄付を受けていたと指摘。訴訟を起こして黙らせようとしたが、逆に在特会との関係を法廷で認定された「弁護士」。子供たちが日本ではネトウヨのオバハンが防衛大臣になれるのだと勘違いしなければいいけど。

安倍は陸上自衛隊がPKOに参加している南スーダンについて「永田町と比べればはるかに危険な場所だ」と与太を飛ばしていた（二〇一六年一〇月一二日）。バカが国のトップにいるのだから、永田町は南スーダンよりはるかに危険かもしれない。

異物の混入事件が続いている。缶詰「シーチキンLフレーク」にはゴキブリが混入。「はごろもフーズ」によると、下請け会社の工場で混入した可能性があるとのこと。羽衣ごとゴキブリが入っていたというオチ。ラーメンチェーン「幸楽苑」ではラーメンに親指が入っていた。回転鮨「スシロー」では穴子鮨に約二センチの虫が混入。政界に紛れ込んだゴキブリについても、原因究明と再発防止が求められる。

周回遅れのグローバリスト

非常時にはいろいろなものが見えてくる。普段取り繕っている人間の化けの皮も剥がれる。それで彼らは必死になる。ここのところ、ネットでは連日のように安倍晋三の礼賛記事が流れている。ネトウヨ、およびそれに類する評論家みたいなのが安倍の一挙一動を褒め称える。相当、追い詰められているのだろう。潮目が変わったというか、やっぱり安倍ではダメだと思う人が保守層の中に増えてきたようだ。擁護するにしても積極的なものは少なく、「民進党よりマシ」「左翼がダメすぎる」といったものが多い。ある意味、それは正しい。頓珍漢な政権批判を繰り返す左翼は、安倍政権の補完勢力になっている。慶應義塾大学教授の金子勝はツイッターで「たしかに安倍首相も同じ排外ナショナリストとして（ドナルド・トランプと）気が合うようだが、悲しいくらい『属国』の首相扱い」とつぶやいていた（二〇一六年一一月二八日）。「外国人材」などと国民を騙し、大量の移民を国内に入れようとしている安倍がなぜ「排外ナショナリスト」になるのか。安倍は保守でも右翼でもなく周回遅れのグローバリストである。左翼もきちんと現状認識をしないと、安倍の暴走に棹差すことになる。

アメリカ大統領選で共和党の実業家トランプが勝利（二〇一六年一一月八日）。株価や為替相場は乱高下し、わが国の政界にも激震が走った。民主党のヒラリー・クリントン元上院議員の勝利を見込んでいた安倍は、大統領選の開票終盤、「話が違う」と外務省にいら立ちをぶつけたという。二〇一六年九月の訪米では、ヒラリーとだけ会談。トランプを無視した形になり気まずかったのだろう。野党からトランプとのパイプを築いてこなかったことを批判されると、安倍はトランプ陣営の関係者とは会ったと胸を張り、しまいには「クリントン政権が誕生すると推測した事実はない」との政府答弁書を閣議決定した（二〇一六年一一月二二日）。痛々しいですね。

本質的な問題は安倍がトランプ勝利を予測できなかったことではない。トランプ勝利後も、目の前で発生している事態をまったく理解していなかったことだ。安倍はトランプに対し、「（日米は）普遍的価値の絆で固く結ばれた揺るぎない同盟国」「二一世紀においては、日米同盟は、国際社会が直面する課題に互いに協力して貢献していく『希望の同盟』であり、トランプ次期大統領と手を携えて、世界の直面する諸課題に共に取り組んでいきたいと思います」

と祝辞を送っている。トランプの勝利により否定されたのは「普遍的価値」という発想だ。トランプが発言を翻す可能性もあるし、ネオコン勢力とのつながりも指摘されているが、額面通りに受け取ればアメリカは「世界の直面する諸課題」に積極的に取り組まないと意思表明を行ったのである。

トランプ勝利を予測した歴史人口学者のエマニュエル・トッドが、そこそこ真っ当な分析をしていた（『朝日新聞デジタル』二〇一六年一一月一七日）。

「自由貿易と移民が、世界中の働き手を競争に放り込み、不平等と停滞をもたらした、と人々は理解し、その二つを問題にする候補を選んだ。有権者は理にかなったふるまいをしたのです」

「トランプ氏選出で米国と世界は現実に立ち戻ったのです。幻想に浸っているより、現実に戻ったほうが諸問題の対処は容易です」

「議会共和党が、トランプ氏を制御するのではと言われます。でも、自由貿易がこの選挙で中心的なテーマになったことは、みんな知っています。議員たちも反自由貿易の空気を考慮せざるを得ないでしょう」

アメリカは世界中に「普遍的価値」を押し付けるというネオコン路線、グローバリズム路線に疲れ果て、これまでも世界の警察からの撤退を匂わせてきた。要するに、トランプ勝利はアクシデントではない。イギリスのEU離脱も含めて、大きな流れの同一線上にある。アメリカが内側に引っ込めば、世界のパワーバランス、カネの流れも変わる。にもかかわらず、安倍は「世界経済の原動力であるアジア太平洋地域の安定は、米国に平和と繁栄をもたらすものです」などと能天気なことを述べていた。だが実際には、「アジアに米国の軍隊を出すことが、本当に米国の利益につながるのか?」という不信感がトランプの票につながっているのである。一体いつ夢から覚めるのか。幻想に浸っているより、現実に戻ったほうが諸問題の対処は容易だ。

トッドとほぼ同じことを共産党委員長の志位和夫が言っていた。

「トランプ氏の勝利は、格差と貧困の拡大、中間層の没落などに苦しむアメリカ社会の矛盾と行き詰まりの一つの反映にほかならない。それはまた、多国籍企業中心のグローバル資本主義の陥っている深い矛盾を示している」(二〇一六年一一月九日)。安倍よりはるかに状況をきちんと認識していますね。安倍と比べたら失礼か。

ゾウの寓話

安倍には世界が見えていない。それが一連の空回りにつながったのだろう。二〇一六年一一月四日には環太平洋パートナーシップ協定（ＴＰＰ）を強行採決し、その後「（トランプに）ＴＰＰ承認を促す」「わが国がＴＰＰを承認すれば、保護主義の蔓延を食い止める力になる」などと言い出した。誰目線なのかは知らないが国益って言葉を知らないいんですかね。

鎖につながれたゾウの寓話がある。

人間に捕まったゾウが杭に鎖でつながれた。逃げ出そうと暴れたが無駄だった。次の日も暴れたが無駄だった。いつしかゾウは抵抗をあきらめた。その後、鎖が取り外されたがゾウは逃げなかった。飼い慣らされた結果、抵抗するという発想自体を忘れてしまったのである。日本にいるのは安倍晋ゾウ。

自民党国会対策委員長の竹下亘が、参院議員のパーティーで「衆議院は（ＴＰＰを）強行採決して、ぐちゃぐちゃになってしまう残念な結果だった」と発言（二〇一六年一一月一四日）。安倍は同日の参院特別委員会で「わが党は立党以来、強行採決をしようと考えたことはないのは事実」などと与太を飛ばしていたが、国対委員長がそれを否定したわけだ。竹下はその後、「言葉遣いを間違えた」などと釈明（二〇一六年一一月一五日）。これもいつものパターンですね。

トランプが、これまでの約束を忠実に実行するなら、日本の政治は根底から変わる。アメリカの世界覇権を前提として頓珍漢なことを繰り返してきた安倍政権は追い詰められていくはずだ。やるべき国防（個別的自衛権の強化）を怠り、妄想を膨らませた上で集団的自衛権がどうこうと浮かれ立ち、移民政策を進め、皇室を軽視してきた安倍とその周辺の一派、自称保守メディア、言論人の責任を今後きちんと検証しなければならない。

トランプは米CBSテレビのインタビューで、選挙戦の公約に沿って、犯罪歴のある不法移民ら二〇〇万～三〇〇万人を強制送還する方針を明らかにした（二〇一六年一一月一三日）。「犯罪歴のある不法移民」と限定しているわけで、ある程度現実的な対応だ。一方、わが国には「もはや国境や国籍にこだわる時代は過ぎ去りました」などと与太を飛ばし、世界各国で移民問題が噴出する中、全力で移民政策を進める総理大臣もいる。アメリカは国境や国籍にこだわりだしたけどね。

安倍はニューヨークでトランプと初会談（二〇一六年一一月一七日）。ゴルフクラブ一本をプレゼントとして持参した。トランプとのパイプがなかった政府は、長女のイヴァンカが副社長を務める不動産会社のツテをたどって、急遽会談をセッティング（『週刊新潮』二〇一六年一二月一日号）。現職大統領のオバマと会う直前にもかかわらず、犬が尻尾を振ってやってきたので、とりあえず部屋に入れてみた。同席したイヴァンカは足を組み、ブラジャーをはみ出したまま、ポチぶりを見物。こういうのを国辱というんですかね。

米政府高官がTPPについて、オバマ任期中の議会承認を断念する考えを明らかにした（二〇一六年一一月一一日）。おだてられては木に登り、ついでに梯子も外された。ゾウなのか犬なのかサルなのか？

政府はTPPをめぐり、中国が協定の求める高い水準を満たす用意があることを示し、正式に参加表明すれば「歓迎したい」とする答弁書を決定（二〇一六年一一月四日）。安倍は二〇一五年一〇月の段階で「将来的に中国もそのシステムに参加すれば、わが国の安全保障にとっても、またアジア太平洋地域の安定にも大きく寄与し、戦略的にも非常に大きな意義があると思います」と発言している。「TPPは中国包囲網」とか言っていたバカもいるけどね。

「波動の高い植物」

修学旅行の引率中に、滞在していた大阪市内のホテルにデリヘルを呼び、サービスをめぐりトラブルを起こしたとして、徳島県の小学校教師が懲戒免職処分に。男性教師は「信頼を裏切って、後悔の気持ちでいっぱい」と話していたが、中学生は多感な時期。「風俗にはパチンコやダンスも含まれる」と橋下徹ばりの弁解で誤魔化せばよかったのに。

二〇一六年の流行語大賞は「神ってる」に決定。聞いたことないけど。新しい判断、歩きスマホ、PPAP、SMAP解散、トランプ現象、文春砲、ポケモンGO、民泊など三〇語がノミネートされたが、私は自民党の竹下亘の「井上が歩いたんじゃないか」を推していた。JR博多駅前の大規模陥没について、竹下は井上貴博という大柄の議員が歩いたからではないかと発言（二〇一六年一一月八日）。死傷者が出てもおかしくない大事故を茶化したわけで危機意識がゼロ。

小池百合子は都知事選で使ったキャッチフレーズ「都民ファースト」がノミネートされたことに対し「流行語大賞に選ばれればいいなと思う」「ここにきて、ピコ太郎という伏兵が現れた」と発言（二〇一六年一一月一二日）。小池の敵はピコ太郎ではない。真っ当な生活を送っている都民である。築地市場を使い続けるのは無謀。壁にはひびが入り、通路には穴が開いている。井上が歩いたんじゃないか。

小池が立ち上げた「希望の塾」が大変なことになっている。男性五万円、女性四万円、学生三万円と高額にもかかわらず適当な講演をやるだけで、「ぼったくりバーと同じだ」と返金を求める声も上がっているという。二回目の講義には、維新の会とつながる上山信一と元都知事の猪瀬直樹が講師として登壇（二〇一六年一一月一二日）。コントかよ。猪瀬は「東京の敵闇に棲む者は光を当てることで力を失う」と題し、内田茂都議を批判していたが、徳洲会からの献金問題に光を当てられて力を失ったのはお前だろうと。そもそもこんな連中に騙されるほうが悪い。少し高くついたが、これで本当の「勉強」になったんじゃないですか。

小池の化けの皮が思ったより早く剥がれた。築地市場の移転問題もオリンピックの競技場の変更問題も空転。それで今度はオリンピックのボランティアの制服がよくないと噛みついた。ネタが尽きたようですね。危ないのは、都民から都職員の法令違反の通報を受け付ける制度を導入したこと。橋下も密告やチクリを奨励していたが、これを仕掛けたのも小池のバックにいるいかがわしい連中。こんなのいつまで放置しておくの？

橋下が小池の塾の講演を断る意向を表明（二〇一六年一一月一七日）。講演料の折り合いがつかなかったとの報道もあるが、見切りをつけて泥舟から逃げ出したのだろう。橋下の尊敬する昆虫はゴキブリである。理由は「逃げ足が速いから」。

首相夫人の安倍昭恵が、対談「日本の精神性が世界をリードしていかないと地球が終わる」（『BLOGOS』二〇一六年一一月九日）で飛ばしている。

「どうして平和にならないのか不思議なんですよ」

「『もう権力者には任せておけない』みたいな」

「でも今はごちゃごちゃで、自分でも何してるのか、よくわかっていなくて」

「私は、大きな自然の一部であって〝動かされてる感〟がすごくあるんですよね」

「主人自身も特別な宗教があるわけじゃないんですけど、毎晩声を上げて、祈る言葉を唱えているような人なんですね」

「なぜあれ（麻）をずっと使っているかって、それなりに『波動の高い植物』だからだと、私は思うんです」

変だとは思っていたけど、やっぱりそういうことだったみたい。ちなみに『安倍でもわかる政治思想入門』を昭恵さんに送ったら丁寧な返事をくれた。内容は公開できませんが。

韓国の期待の星

キューバのフィデル・カストロ前国家評議会議長が死去（二〇一六年一一月二五日）。享年九〇。翌二六日、安倍は「謹んで哀悼の意を表します。日本政府を代表して、キューバ政府及び同国国民、ご遺族の皆様に対し、ご冥福をお祈りします」とのコメントを発表した。故人ではなく、キューバ政府や国民、遺族に対し「冥福を祈る」と言ったことで「無知にも程がある」とネットで騒ぎになっていたが、それ以前に無神論者のカストロに「冥福」という仏教・道教用語を使う時点でトチ狂っている。

歌手の泉谷しげるが「プロなら甘えるな！」という文章を書いていた（『東京新聞』二〇一六年一一月一日）。あるロックバンドがライブ終了後、「こんなノリの悪い客の前でヤッてられるか！」とブチ切れたという。これに対し泉谷は「そのバンドに人をノセるだけの演奏力が無かったクセに観客のせいにするたぁ、大したプライドだ」「実力って、通りすがりを振り向かせてこそだろ！」と批判。これがネットに転載され「かっこいい」と賞賛を浴びていたが、痛々しいにも程がある。デビュー四三年目にして泉谷が紅白歌合戦に初出場したときは、はしゃぎまくり前後不覚に。リハーサルでドラマーがミスをすると、ギターを放り投げ、楽屋に閉じこもった。話題をつくろうと裏でソロバンを弾いているのが恥ずかしい。本番では、会場の観客に向かって「手拍子はやめろ！」と何度も叫び、演奏を間違え、頭にきてギターを放り投げた。「プロなら甘えるな！」って、お前だろうと。

総務省はマイナンバーを地方自治体の図書館の利用カードとして使えるようにする方針を固めた（二〇一六年一一月一〇日）。さらに、民間のクレジットカードのポイントも個人カードに集約するという。恐ろしい世の中になりましたね。ディストピア小説が描いてきた悪夢が次々と実現していく日本という国は、すごいとしか言いようがない。

韓国で安倍の人気が沸騰中。そりゃそうだよね。安倍が政権を維持することで、韓国にマイナスになることは一つもない。「朝鮮日報」ではソウル大学国際大学院長が「各界各層の人と会い、意見に耳を傾け、ざっくばらんに対話している」と安倍を高く評価（二〇一六年一一月一一日）。コラムでも安倍を持ち上げた。「中央日報」は「安倍首相の経済リーダーシップがうらやましい」との記事を掲載（二〇一六年一〇月三一日）。韓国紙は朴槿恵に対し「人の意見を聞かない」「憲法を踏みにじっている」「民間人の国政介入」と批判していたが、安倍がやっていることも同じなのにね。それでも大絶賛。安倍は韓国の期待の星なのだろう。

非学者論に負けず。世の中で一番強いのはバカである。あるテレビ番組でタレントが街角で老人に道を尋ねた。老人は「この先に丁字路がある」と教えてくれたが、タレントは「ていじろですか？」と聞き返し、老人を笑いものにした（二〇一六年一一月四日）。直角に交わった三叉路を「丁字路《ていじろ》」という。現在では「T字路」という言葉も使われるが、タレントは老人がなまっていると思ったらしい。

三島由紀夫は今の時代は言論に対する慎みが忘れられていると言った（「若きサムライのための精神講話」）。

ある日、三島のところに女性から葉書が届いた。そこにはこう書いてあった。「お前は文学者でありながら、一ページの文章の中に二十幾つのかなづかいの間違いをしているのは、なんという無知、無教養であるか。さっそく直しなさい」。女性は旧仮名遣いを知らなかったのだ。安倍が強い理由は、ものを知らないからだ。エリートは打たれ弱いし、正常な人間は恥を知っている。

三島は嘆いた。

《われわれは戦後の日本が、経済的繁栄にうつつを抜かし、国の大本を忘れ、国民精神を失ひ、本を正さずして末に走り、その場しのぎと偽善に陥り、自ら魂の空白状態へ落ち込んでゆくのを見た。政治は矛盾の糊塗、自己の保身、権力慾、偽善にのみ捧げられ、国家百年の大計は外国に委ね、敗戦の汚辱は払拭されずにただごまかされ、日本人自ら日本の歴史と伝統を涜してゆくのを、歯嚙みをしながら見てゐなければならなかつた》(「檄」)。

三島が命をかけて否定したのは「安倍晋三的なもの」である。

おわりに

結局、バカがバカを支持するから、バカな国になる。

本文でも述べたように、世界経済フォーラム年次会議（ダボス会議）の冒頭演説で、安倍は徹底的に日本の権益を破壊すると宣言。電力市場の完全自由化、医療の産業化、コメの減反の廃止、法人税率の引き下げ、雇用市場の改革、外国人労働者の受け入れ、会社法の改正などを並べ立て、「そのとき社会はあたかもリセット・ボタンを押したようになって、日本の景色は一変するでしょう」と言い放った。

極左カルトのテロリストが「社会をリセットする」と言うならわかる。

オウム真理教が「新しい国をつくる」と言うならわかる。

しかし、今は政権中枢において国家の解体が進められている。

これまで私は、『安倍でもわかる政治思想入門』『安倍でもわかる保守思想入門』

（いずれもＫＫベストセラーズ）などで現在の政治状況を批判してきたが、そこでも述べた通り、安倍晋三という個人をバカにしたり、引きずり下ろしても根本的な解決にはならない。

病んでいるのは、ああいう「幼児」を持ち上げ、野放しにしてきたわれわれの社会なのだ。

近代、少なくともこの四半世紀におよぶ「改革」騒ぎに対する反省がない限り、わが国の未来はない。

本書は「時代への警告」シリーズ第一弾という形で、今の日本の姿を描写した。病を治すためには、その根本を直視する必要がある。

なお、敬称は省略させていただきました。

適菜　収

初出一覧

第 一 章　**安倍政権とは何だったのか**

❯書き下ろし

COLUMN　**松本人志と共謀罪**

❯「週刊金曜日」2017年7月21日号

第 二 章　**だからあれほど言ったのに**

❯「新潮45」2016年5月～2016年7月号

COLUMN　**「バカ消費者」を手玉にとる政治家**

❯「ZAITEN」2016年11月号

第 三 章　**無知とデマで世界はまわる**

❯「新潮45」2016年8月～2016年10月号

COLUMN　**パラリンピック、そろそろやめたらどうか?**

❯「新潮45」2017年4月

第 四 章　**安倍晋三の正体**

❯「新潮45」2016年11月～2017年1月号

著者略歴

適菜 収（てきな・おさむ）

1975年山梨県生まれ。作家。哲学者。ニーチェの代表作『アンチ・クリスト』を現代語訳にした『キリスト教は邪教です！』、『ゲーテの警告 日本を滅ぼす「B層」の正体』、『ニーチェの警鐘 日本を蝕む「B層」の害毒』、『ミシマの警告 保守を偽装するB層の害毒』（以上、講談社＋α新書）、『日本をダメにしたB層の研究』（講談社＋α文庫）、『日本を救うC層の研究』、呉智英との共著『愚民文明の暴走』（以上、講談社）、『なぜ世界は不幸になったのか』（角川春樹事務所）、『死ぬ前に後悔しない読書術』、『安倍でもわかる政治思想入門』、『安倍でもわかる保守思想入門』（KKベストセラーズ）など著書多数。

安倍《あべ》政権《せいけん》とは何《なん》だったのか
時代《じだい》への警告《けいこく》

2017年10月 5日　初版第1刷発行
2017年10月20日　初版第2刷発行

著者　適菜《てきな》 収《おさむ》

発行者　栗原武夫

発行所　KKベストセラーズ
〒170-8457 東京都豊島区南大塚2-29-7
電話 03-5976-9121
http://www.kk-bestsellers.com/

印刷所　錦明印刷

製本所　フォーネット社

DTP　三協美術

装丁　フロッグキングスタジオ

ISBN 978-4-584-13816-8 C0031